Erich Sehmsdorf

Die Germanen in den Balkanländern bis zum Auftreten der Goten

DOGMA

Erich Sehmsdorf

Die Germanen in den Balkanländern bis zum Auftreten der Goten

ISBN/EAN: 9783955802813

Auflage: 1

Erscheinungsjahr: 2013

Erscheinungsort: Bremen, Deutschland

Die

Germanen in den Balkanländern

bis zum Auftreten der Goten.

Von

Dr. phil. Erich Sehmsdorf.

LEIPZIG,

VERLAG VON C. L. HIRSCHFELD.

1899.

Vorwort.

Die vorliegende kleine Abhandlung ist nur der erste Teil eines grösseren Ganzen, dessen folgende Teile bis zum dritten Jahrhundert n. Cb. reichend schon vollendet sind, aber nicht früher veröffentlicht werden sollen, als bis das Ganze zum Abschluss gelangt ist.

Dieser Teil ist eine Untersuchung, die für eine spätere Darstellung die Wege ebenen will. Deshalb musste öfter zitiert werden. — Der Verfasser ist sich wohl bewusst, dass ein Nebeneinanderstellen von Originalberichten nicht in den Text gehört, dass nicht der Leser, sondern der Autor die Aufgabe hat, aus der Vergleichung dieser Berichte ein Bild zu gestalten. Hier jedoch schien es geraten, die Quellenzeugnisse selbst an den Stellen zum Abdruck zu bringen, wo es dem Verfasser darauf ankam, die besondere Stellung seines Gewährsmannes zu dem Stoffe genau zum Ausdruck gelangen zu lassen, um namentlich dort, wo es es sich um Nationalitätsfragen handelt, eine irrige Ansicht an der Hand der Quelle widerlegen zu können. Diese Arbeitsweise war möglich, weil die hier angezogenen Berichte sachlich keine wesentlichen Widersprüche zeigen.

Unangenehmer ist der Umstand, dass die Arbeit sich grösstenteils auf Bruchstücken der Tradition aufbauen musste. Es ist natürlich, dass hierdurch Hypothesen geschaffen werden. Der Verfasser hat sich bemüht, diese sich so fern als möglich zu halten, und wo er mit ihnen rechnen musste, hat er seine Ansicht als Hypothese gekennzeichnet.

Nachzutragen wäre hier noch der im Text (Seite 8) übergangene Hinweis, dass mit der chronologischen Fixierung der sogenannten Protogenes-Inschrift von Olbia ein neues Verdachtsmoment gegen die Echtheit der vom Louvre erworbenen Tiara des Saitaphernes gewonnen ist. —

Herr Professor Dr. von Herzog hat den Verfasser bei der Anlage seiner Arbeit durch mannigfachen Rat gefördert, Herr Bibliothekar Professor Dr. Bohnenberger hat keine Mühe gescheut, um die nötige Litteratur beschaffen zu helfen. Ausserdem schuldet der Verfasser noch besonderen Dank für freundliche Überlassung eigener Druckschriften Herrn Professor Dr. H. Fischer zu Tübingen und Herrn Professor Dr. C. Cichorius zu Leipzig. Herrn Professor Dr. R. Engelmann in Berlin und Herrn Professor Dr. Behrendt Pick in Gotha verdankt er fruchtbare Anregungen.

Berlin, im August 1899.

Erich Sehmsdorf.

Abkürzungen.

Beiträge	=	Beiträge zur Geschichte der deutschen Sprache und Litteratur. Unter Mitwirkung von Paul und Braune herausgegeben von Sievers.
G. G. A.	=	Göttinger gelehrte Anzeigen.
D. A. K.	=	Deutsche Altertumskunde.
C. I. G.	=	corpus inscriptionem Graecarum.
C. I. L.	=	corpus inscriptionum Latinarum.
C. I. P.	=	corpus inscriptionum Ponticarum.
A. E. M. Ö.	=	archäologisch-epigraphische Mitteilungen aus Österreich.
R. G.	=	Mommsen, Römische Geschichte.
F. H. G.	=	fragmenta historiae Graecae, Pariser Ausgabe von Müller.
J. Ö. J.	=	Jahreshefte des österreichischen Instituts für Altertumskunde.

Der Zweck vorliegender Arbeit ist der, den ältesten Spuren germanischen Volkslebens in den Balkanländern nachzugehen.

Wir haben unter den östlichen Germanen vier Gruppen zu unterscheiden. Die bedeutendste ist die der gotischen Völker, sie zerfallen in Ostgoten oder Greutungen, Westgoten oder Tervingen und Gepiden. Ihnen nahe verwandt sind die lugisch-wandilischen Stämme, die uns Tacitus [1]) in ihrer schlesischen Heimat noch mit dem alten Gaunamen nennt, sie treten uns nach der Auswanderung entgegen als Wandalen und Burgunder. [2]) Die Wandalen zerfallen wieder in die Stämme der Asdingen und Silingen, denen höchstwahrscheinlich derjenige der Lakringen anzureihen ist. Diese beiden Gruppen bilden innerhalb der Germanen die Spracheinheit der Ostgermanen, wie sie in der Bibelübersetzung des Ulfilas ihren Ausdruck gefunden hat. Ihnen sind als östliche Germanen, aber nicht als Ostgermanen hinzuzufügen: Skiren, Bastarner und die östlichen Ingvaeonen. Die Sprachreste der Skiren sind zu dürftig, um nach ihnen eine bestimmte Einordnung des Völkchens wagen zu können. Dasselbe gilt von den Sprachresten der Bastarner. Von den letzteren können wir nur sagen, dass sie in mehrere Stämme zerfielen, von denen uns diejenigen der Sidonen, Atmonen und Peukinen dem Namen nach bekannt sind. Die östlichen Ingvaeonen sind die Heruler, mit ihnen wahrscheinlich identisch sind die Boraner.

Diese Einteilung beruht wesentlich auf einer Nachprüfung der sprachvergleichenden Arbeiten von Müllenhoff und Much, sie findet sich nicht in unseren Quellen. Diese bringen uns ein Gewirr von Völkernamen aller möglichen Nationalitäten, um deren Unterscheidung man sich im Altertum nicht sonderlich gekümmert

---

1) Germ. cap. 43.

2) cf. R. Loewe: die ethnische und sprachliche Gliederung der Germanen. Halle 1899. Besonders S. 16 u. 32 sq.

hat. Sehr häufig speisen uns unsere Quellen mit dem Sammelbegriff der „Skythen" ab und es bedarf erst einer umständlichen und sorgsamen Sichtung, ehe man darüber Klarheit erlangt, was jeder einzelne Autor unter Skythen versteht und welche ethnographischen Begriffe er überhaupt mitbringt.

Als Nichtgermanen sind die Alanen, dieses Γοτθικὸν ἔθνος des Prokop, zu betrachten, sie sind höchstwahrscheinlich desselben Stammes mit dem Kaukasusvolke der Osseten. Ebensowenig sind die Roxolanen germanischen Blutes, sie sind vielmehr nach Tacitus[1]) Vettern der Jazygen. Die Bastarner sind früher irrtümlich für Kelten gehalten worden[2]); sie sind die ersten Germanen, die uns am Pontus begegnen; wir können bei der Betrachtung ihrer Geschicke zugleich über ihre Nationalität uns ein Urteil bilden.

I.

Ältestes Auftreten von Germanen am Pontus.

Müllenhoff ist mit guten Gründen für das Germanentum der Bastarner eingetreten, und Much[3]) hat sich ihm angeschlossen. Die Einwände Tomascheks[4]), der keltische Städtenamen als einen Beweis für das Keltentum der Bastarner beibringen will, werden durch die Feststellung widerlegt, dass die Bastarner vor ihrer Herübernahme in das römische Reich im dritten Jahrhundert p. Ch. Städte weder gegründet, noch bewohnt haben, und dass demzufolge die keltischen Stadtnamen[5]) an der Westküste des Schwarzen Meeres den vor Ankunft der Bastarner dort sesshaften keltischen Britolagen ihren Ursprung verdanken müssen.

Prüfen wir an der Hand von Müllenhoff[6]) noch einmal die

---

1) Hist. I, 79.

2) P. Hahnel, die Bedeutung der B. für das germanische Altertum. 1865; Schaffarik, slaw. Altertumskunde, deutsch von Aehrenfeld und Wuttke I, 118, 393—396, 489; Cuno, Forschungen im Gebiet der alten Völkerkunde I, 225.

3) Beiträge 17, 34 sq.

4) G. G. A. 1888. S. 301.

5) cf. Schaffarik I. 396, übernommen von Cuno, a. a. O.

6) D. A. K. II, 104.

ältesten Nachrichten über die Germanen im Osten nach. Der sogenannte Pseudo-Scymnus, dessen Abfassungszeit zwischen die Jahre 100 und 50 n. Ch. gesetzt wird, bringt im Verse 797 die Worte: οὗτοι Θρᾷκες καὶ Βαστάρναι ἐπήλυϑες. Diese Lesart passt nicht in das Metrum. Darin liegt eine Schwäche der Überlieferung, welche jedoch dadurch gemindert wird, dass der sogenannte Scymnus sich überhaupt grobe Unregelmässigkeiten im Versbau zu Schulden kommen lässt, und dass an dieser Stelle sich eine Lücke der Handschrift findet. Nun finden sich ganz dieselben Worte bei dem in byzantinischer Zeit schreibenden anonymen Verfasser eines periplus Ponti Euxini [1]), der aber hierfür nur den Pseudo-Scymnus benutzt haben kann, denn die epitome des Marcianus, der periplus des Menippeus und der des Arrianus erwähnen nicht einmal den Namen der Bastarner. Hinwiederum schreibt der sogenannte Scymnus nicht die Geographie seiner Zeit, sondern exzerpiert die Werke seiner Vorgänger und unter diesen vorzugsweise den Demetrius aus der moesischen Küstenstadt Kallatis. Dieser ist denn auch für unsere Nachricht als Gewährsmann anzusetzen, weil er einmal als Augenzeuge gelten kann und zweitens auch thatsächlich kurz zuvor genannt ist. Artemidorus, der circa 100 Jahre vor Christus schrieb, kommt hier als Quelle nicht in Betracht, weil er in dem periplus Ponti Euxini des Anonymus [2]) zweifellos nur bis zu den Worten „μίλια ξ δ'“ ausgeschrieben ist. Von Demetrius aus Kallatis wissen wir allerdings nur, dass er den Norden erforscht und beschrieben hat [3]), dass er über Erdbeben Forschungen anstellte [4]), und dass sein Werk 20 Bücher umfasste. [5]) Jedenfalls können wir in ihm einen glaubwürdigen Zeugen vermuten für Ereignisse, die sich vor den Thoren seiner Vaterstadt zutrugen. Er schrieb nach 216 v. Ch. [6]) Dionysius von Halikarnass bringt ihn in eine Reihe mit Schriftstellern, die zwischen 300 und 150 v. Ch. geschrieben haben [7]), und nach der eben angeführten Notiz des Agatharchides schrieb er früher als

1) K. Müller, geographi graeci minores I, 418.
2) Müller, a. a. O. I, 418.
3) Agatharchides de rubro mare § 64, ed. Müller.
4) Strabo I, 60.
5) Diogenes Laertiades V, 83.
6) In diesem Jahre starb Hieron v. Syrakus. Lucian Macrob. cap. X.
7) De verb. comp. S. 30 (Reiske 4).

132 v. Ch. Für eine genaue chronologische Fixierung ist dieser Zeitraum von 84 Jahren viel zu gross, besonders da unser Gewährsmann ja auch aus seiner persönlichen Erinnerung berichtet haben kann, welche ein Menschenalter weiter zurückliegen mag. Hier tritt Livius [1]) ergänzend ein, er erwähnt die Bastarner im Jahre 182 v. Ch. zum ersten Mal, so dass man ihre Ankunft am Pontus ungefähr um das Jahr 190 ansetzen kann.

Die vielbesprochene Protogenes-Inschrift steht nach meiner Ansicht in Beziehung zu der Ankunft der Bastarner am Pontus. Die hierher fallende Stelle lautet [2]):

τῶν δὲ αὐτομόλων ἐπαγγελλόντων Γαλάτας καὶ Σκίρους πεποιῆσθαι συμμαχίαν καὶ δύναμιν συνῆχθαι μεγάλην, καὶ ταύτην τοῦ χειμῶνος ἥξειν ἐπαγγελλόντων, πρὸς δὲ τούτοις Θισαμάτας καὶ Σκύθας καὶ Σαυδαράτας ἐπιθυμεῖν τοῦ ὀχυρώματος, δεδιότας ὡσαύτως καὶ αὐτοὺς τὴν τῶν Γαλάτων ὠμότητα, καὶ διὰ ταῦτα πολλῶν ἐχόντων ἀθύμως καὶ παρεσκε[υ]ασμένων ἐγλείπειν τὴμ πόλιν, ἅμα δὲ τῶι καὶ ἄλλα γεγενῆσθαι ἐλαττώματα πολλὰ κατὰ τὴν χώραν, ἐφθάρθαι μὲν τὴν οἰκετείαν ἅπασαν καὶ τοὺς τὴμ παρώρειαν οἰκοῦντας Μιξέλληνας οὐκ ἐλάττους ὄντας τὸν ἀριθμὸν χιλίων καὶ πεντακοσίων, τοὺς ἐν τῶι προτέρωι πολέμωι συμμαχήσαντας ἐν τῆι πόλει — κ. τ. λ.

Böckh hat vom paläographischen Standpunkt nichts gegen eine Datierung der Inschrift in die Zeit um 190 v. Ch. einzuwenden, ja er setzt diese Zeit ungefähr selbst für die Inschrift an. [3])

Thisamaten, Skythen und Saudaraten wohnten östlich von Olbia und kommen für uns nicht in Betracht; als Germanen erscheinen hier zum ersten Mal Skiren und Bastarner, denn diese letzteren sind unter den Galatern der Inschrift zu verstehen.

Gegen die germanische Abstammung der Skiren ist kein Zweifel möglich. Der Name ist eine Ableitung von der im Gotischen skeirs lautenden Form, und demnach wäre gotisch skeirjai anzusetzen mit der Bedeutung: die Weissen, die Glänzenden. Der Stamm ist im as. und an., ebenso im modernen nd. noch erhalten, während im hd. nur das Adverbium in der Bedeutung „fast" geblieben ist. Doch gab es die Form auch im hd., wie uns der

---

1) 40, 5.
2) Latyschev Corpus inscriptionum Pont. I no. 16 = CIG II no. 2058.
3) CIG II, S. 123, Spalte A.

Name, den die Wittelsbacher in alter Zeit führten, und der in der Form die „Scheiern" sich bis ins nhd. erhalten hat, beweist. Plinius [1]) kennt die Skiren an der mittleren Weichsel, Much [2]) möchte sie mit den Sulones des Ptolemaeus [3]) identifizieren und beide für einen Stamm erklären. In den Galatern will er dann Britolagen erblicken.

Dem gegenüber ist erstens zu sagen, dass in der Inschrift die Galater voranstehen und sowohl hierdurch als durch den Umstand, dass sie öfter erwähnt werden, sich wohl folgern lässt, sie seien das bedeutendere Volk gewesen. Dieses konnten die Britolagen den Skiren gegenüber aber keinenfalls sein, wie weiter unten ausgeführt werden wird. Zweitens hätten die Skiren als bastarnischer Stamm doch wohl von Polybius, Diodor, Plutarch oder Appian genannt werden müssen, denn dann wären sie es ja gewesen, die nach Süden vordrangen, und es ist im höchsten Grade unwahrscheinlich, dass ein Volk eben noch Skiren, gleich darauf Bastarner genannt wird. Drittens ist die Deutung Sulones als die „Schmutzigen" unrichtig [4]) — die Schmutzigen müssten Sulwones oder Salwones heissen — und damit ist Muchs Anknüpfung seiner These der Spottnamen an die Überlieferung bei Ptolemäus hinfällig. Überhaupt ist die Einordnung der bei Ptolemäus 3, 3, 8 genannten Völker unter die $\pi\lambda\varepsilon\acute{\iota}\omega$ $\varphi\tilde{\nu}\lambda\alpha$ Strabos nichts als eine Hypothese, so dass man damit nicht ohne weiteres rechnen darf. Schliesslich nennt Plinius die Skiren als ein eigenes selbständiges Volk an der Weichsel und für ihre Zugehörigkeit zu den Bastarnern findet sich in unseren Quellen nirgends die leiseste Andeutung.

Die Wohnsitze der Bastarner sind zwischen den Skiren im Westen und den Geten [5]), die am Pontus sassen, im Osten zu suchen. Ist es nun zweifellos, dass die Skiren vor Olbia erschienen, so mussten diese Skiren auf ihrem Marsche durch das Gebiet der Bastarner hindurch wandern. Denn eine Umgehung dieses Volkes ist weder im Süden noch im Norden erfolgt. Im Süden hätten die Skiren das Donauthal passieren müssen und wären dann sicher

---

1) Nat. hist. IV, 27, 28.
2) Beiträge 17, 46.
3) 3, 3, 8.
4) Hirtb, Beiträge 21, 145.
5) Plinius n. h. IV, 80/81. Ptolem. 3, 5, 19.

von dort aus nicht nach Norden gezogen, um eine so geringe
Stadt wie Olbia zu bestürmen; auch würden wir von einem derartigen
Marsche, der grosse Unruhe in den Donauländern hervorrufen
musste, sicher Kunde erhalten haben. Wären die Skiren im Norden
um die Bastarner herummarschiert, so würden sie Olbia nicht
von Westen angegriffen haben, wie die Inschrift unzweideutig
zeigt [1]), und dann wären sie unter keinen Umständen vor Erreichung
des Stadtgebietes mit den Galatern zusammengekommen. Will
man trotzdem in den Galatern die einzig hier in Betracht kommenden Kelten, die Britolagen, erblicken, so muss man mit der
grossen Unwahrscheinlichkeit rechnen, dass die Skiren — ein
Raub- und Kriegsvolk gleich den Bastarnern — das bastarnische
Gebiet passieren, ohne dass das letztere Volk sich ihnen anschliesst.
Das ist, wie gesagt, bei dem Charakter dieser Germanen garnicht denkbar. Fragt man nun aber weiter: Wodurch werden die
Skiren zum Marsch nach Osten bewogen, so eröffnen sich zwei
Möglichkeiten. Entweder war Übervölkerung bei den Skiren die
Ursache zur Wanderung, dann mussten die Bastarner so wie so
nach Osten gedrängt werden: wären sie nämlich Sieger geblieben,
so wäre es auch nur für einen Teil der Skiren kaum möglich
gewesen, durch sie hindurch zu kommen. Oder, was das Wahr-
scheinlichere ist, die Lust nach Raub und Beute trieb sie nach
Osten. Dann konnte die Kunde von den Schätzen der Kultur-
gebiete am Pontus ihnen nur durch die Bastarner werden. Und
diese selbst hätten dann nicht zugegriffen? —

Spricht dies schon dafür, dass das Volk der Bastarner in den
Galatern der Inschrift zu erblicken ist, so bekommt diese Behauptung eine fernere Stütze durch den Umstand, dass ein Volk
der Galater in diesen Gegenden sonst nirgends genannt wird.
Wir kennen wohl gallische Völker, wie die Britolagen im heutigen
Rumänien, die Skordisker im heutigen Serbien und andere, —
aber kein Volk, das sich Galater nennt. Aber selbst zugegeben,
wir hätten es hier mit einem Volke keltischer Abstammung zu
thun, weshalb speist uns dann die Inschrift, die doch andere
Völker mit ihrem Namen zu nennen weiss und auch nennt, hier
mit einer kurzen Abstammungsbezeichnung ab? Das zeigt doch
zum mindesten, dass die Inschrift nicht weiss, welchem gala-

---

1) Böckh im CIG II, S. 125.

tischen Stamme die Fremdlinge zuzuzählen sind und dass diese
demzufolge auf keinen Fall mit einem der am Pontus angesessenen
Keltenstämme identisch sein können. Es wäre ganz unhistorisch,
hier einzuwenden, unsere Inschrift habe hier ein ethnographisches
Urteil an Stelle einer politischen Bezeichnung treten lassen, während sie imstande gewesen wäre, das Volk bei seinem konkreten
Namen zu nennen. Sie verfährt doch sonst ganz korrekt! Nein,
unsere Inschrift hilft sich mit einem ethnographischen Urteil, weil
ihr der politische Name des fremden Volkes nicht bekannt ist.
Nun ist aber eine Verbindung der Skiren mit solchen Kelten,
die den Olbiern als politische Subjekte völlig unbekannt waren,
von vornherein ausgeschlossen durch die geographische Lage und
demnach bleibt nur übrig, dass diese Galater keine Kelten gewesen
sind. Skythen und Sarmaten können es auch nicht gewesen sein,
denn diese wussten die Olbiopolitaner wohl zu unterscheiden,
folglich können diese Galater nur die Bastarner gewesen sein.

Die Inschrift hat also ethnologisch falsch bestimmt, und dieses
ist ebenso verzeihbar wie natürlich. Die Bastarner waren mit den
Skiren die ersten Germanen, die den pontischen Griechen hier entgegen traten. Zufälligerweise haben die letzteren den Volksnamen
der Skiren erfahren, was nicht hindert, dass sie diese auch für
Galater halten konnten. Das gleiche begegnet im Markomannenkriege, wo oft Quaden und Sueben neben einander genannt werden,
trotzdem die Quaden Sueben sind. Nun hatten diese hier zuerst
auftretenden Germanen am meisten Ähnlichkeit mit den bekannten
Keltenvölkern [1]), so rechnete man sie diesen zu. Dem kam
die Vorstellung der Griechen zu Hülfe, welche sich den ganzen
Westen und Nordwesten nur von Kelten bevölkert dachte;
aus diesen Gegenden waren ja die grossen Keltenwanderungen
nach Griechenland und Kleinasien im dritten vorchristlichen Jahrhundert gekommen, die man am Beginn des zweiten noch in
lebendiger Erinnerung hatte. Der Grieche hat überhaupt erst
durch die Vermittelung des Römers den Kelten vom Germanen
unterscheiden gelernt, selbst Dio bezeichnet noch die Sueben, die
er an die rechte Seite des Rheines verlegt, als Kelten [2]). Und
schliesslich spricht die Inschrift selbst für das Germanentum dieser

[1]) Strabo, C. 290.
[2]) 51, 22, 6.

„Galater": die Gefahr wird als eine so ungeheure geschildert,
dass die Thisamaten, Skythen und Saudaraten — also drei Völker!
— sich nicht anders zu retten wissen, als wenn sie sich in den
Besitz eines festen Platzes setzen. Ja die Fremden und eine nicht
unbeträchtliche Zahl der eigenen Bürger haben sogar flüchtend
die bedrohte Stadt verlassen! — Die Feinde haben die Umgegend
verwüstet und die früheren Verbündeten der Olbiopolitaner, die
Mischgriechen, niedergemacht[1]), jetzt nahen sie der Stadt selbst
und alles zittert vor der ὠμότης dieser Barbaren. Passt eine derartige Schilderung auf ein so kleines und dazu längst bekanntes
Volk, wie dass der Britolagen, ganz abgesehen davon, dass Skordisker, Boier und Taurisker[2]) hier garnicht in Betracht kommen
können, weil die Forschung seit der Zeit Böckhs diese Völker
garnicht mehr in die Pontusländer setzt? Eine solche Bestürzung
kann doch nur ein grosses, siegreiches und, weil fremdes, doppelt
Schrecken erregendes Volk hervorgerufen haben!

Wir werden also nicht irren, wenn wir die Bastarner, die der
Kallatianer um das Jahr 190 als ἐπήλυϑες bezeichnet, in den
Galatern des olbischen Psephismas wiederzuerblicken glauben.
Damit hat die Inschrift selbst eine annähernde Datierung erfahren.

Also Bastarner und Skiren, wahrscheinlich durch grosse Volks-
zahl zur Auswanderung eines Teils geneigt und durch den Ruf
der relativ wohlhabenden und schlecht verteidigten Pontusstädte
zur Plünderung verlockt, bedrohen am Anfang des zweiten vorchristlichen Jahrhunderts die Griechenstadt Olbia. Protogenes,
ein reicher Bürger der Stadt, giebt nach der Sitte dieser pontischen Patrioten[3]) die Mittel zur Ergänzung der Befestigungen und
führt diese durch. Dadurch wird er vielleicht der Retter seiner
Vaterstadt, denn der Umstand, dass ihm nachher eine so präch-
tige Inschrift gesetzt werden konnte, macht es wahrscheinlich,
dass die Stadt nicht erobert worden ist. Ferner darf man annehmen, dass sich die Bastarner, einmal unterwegs, nach Süden

---

1) Nicht „bestochen", wie Böckh übersetzen will. Böckh überschreitet
durch diese Hineindeutung das im Material Gegebene gerade so wie mit der
Behauptung, die „Galater" hätten früher schon mit diesen Mischgriechen gekämpft; es steht nur da: ἐν τῶι προτέρωι πολέμωι.

2) CIG II, p. 85.

3) cf. Latyschev, CIP. I, no. 99, 100, 101.

gewendet haben, während die Skiren mit der in der Umgegend gemachten Beute heimkehrten. Die Skiren treten später erst wieder in der eigentlichen Völkerwanderung hervor und sind bis dahin als die Hinterleute der Bastarner zu betrachten, in deren freiwerdende Sitze sie bei der Schiebung nach Süden langsam nachrückten.

Die Südwanderung der Bastarner führte zunächst wohl zur Besetzung der *Πεύκη*, für den weiteren Zug nach Süden haben wir wahrscheinlich einen Beleg in einer zu Karaharman, dem alten Istropolis, gefundenen Inschrift[1]), aus der wir ersehen, dass Istros von Barbaren heimgesucht wurde, die von der Stadt abzogen, aber noch zehn Jahre das benachbarte Gebiet besetzt hielten. In dieser Zeit der Not hatte sich Aristagoras, ein Bürger aus Istros, durch Befestigung der Stadt und Übernahme mannigfacher Ehrenämter grosse Verdienste um sein Vaterland erworben. Zum Danke dafür wurde ihm dieses Psephisma bewilligt. Die Inschrift an sich ist undatiert. Aber da sie sowohl palaeographisch wie stilistisch der eben besprochenen von Olbia sehr ähnlich ist, da ferner es Behrendt Pick gelungen ist, den Aristagoras durch Münzen zu belegen[2]), deren Typus unserer Zeit angehört und auf denen die Darstellung des *Ἀπόλλων ἰατρός* mit dem Bogen auf eine Errettung der Stadt aus grosser Not gedeutet werden kann, so ist es nicht unwahrscheinlich, dass diese Inschrift mit der Notiz des Demetrius aus dem Istros benachbarten Kallatis sich auf dasselbe Ereignis, die Ankunft der Bastarner am Pontus, bezieht. Damit würde gut übereinstimmen, dass die Bastarner im Jahre 182 im Norden Makedoniens erscheinen, wir würden dann mit Benutzung der hier genannten zehn Jahre ihre Bedrohung Olbias ungefähr in das Jahr 194 setzen und für die Notiz des Demetrius käme man ungefähr auf das Jahr 185.

Die Bastarner haben sich nun bis zum Jahre 29 v. Ch. im Norden der Donau von deren Mündung bis etwa zur Aluta festgesetzt; Städte haben sie weder erobert noch besetzt, und auch darin zeigen sie sich als echte Germanen.[3]) Auch gab es für diese Germanen, die als erste ihres Volkes mit den Ländern der

---

1) A. E. M. Ö. 6 (1882) S. 36, no. 78.
2) Die antiken Münzen von Dacien und Mösien. S. 152/3.
3) cf. Tacitus Germ. cap. 16.

alten Kultur in Berührung traten, kaum etwas Begehrenswertes
in den Städten. Desto mehr konnte ihnen das Land bieten; der
Germane dieser Zeit war mit Vorliebe Viehräuber. Vieh und
Sklaven sind stets die Beutestücke, welche besiegte Germanen
noch unter den Kaisern Claudius Goticus und Aurelian herausgeben
müssen. Dann gehörte aber zur Eroberung einer Stadt eine nicht
unbedeutende Technik und vor allem Errungenschaften des Kultur-
menschen, die der Urgermane nicht besass: Geduld, Ausdauer
und straffe Disziplin. Es hat sehr lange gedauert, bis die Germanen es lernten, eine Stadt zu belagern, länger, sie zu erobern,
und bis ins Mittelalter hinein blieb die Belagerungskunst die
schwache Seite germanischer Kriegsführung.

II.

Die makedonische Politik und die Bastarner.

Die eben nach Süden gewanderten Bastarner sollten bald nach
ihrer Ankunft eine Rolle in den Berechnungen Philipps von
Makedonien, die sich auf seine Rüstungen gegen Rom bezogen,
spielen. Wäre aus diesen Plänen etwas geworden, so hätte Roms
Herrschaft schon damals vernichtet werden können, so hätten
Germanen schon im zweiten Jahrhundert v. Ch. sich in Italien
festgesetzt. Livius [1]), der in diesen Partien den Polybius benutzt
hat, schreibt zum Jahre 184: (Philippus) in Macedoniam rediit,
missis ad adcolas Histri fluminis barbaros, ut in Italiam irrumperent,
sollicitandos. Den Erfolg dieser Aufwiegelung berichtet Livius [2])
zum Jahre 182: redierant (hss. redierunt) forte, quos (Philippus)
miserat in Bastarnas ad arcessenda auxilia adduxerantque nobiles
iuvenes et regii quosdam generis, quorum unus sororem suam in
matrimonium Philippi filio pollicebatur; erexeratque consociatio
gentis eius animum regis.

Philipp hatte folgenden Plan gegen Rom geschmiedet [3]): com-

---

1) 39, 35, 4.
2) 40, 5, 10.
3) Livius 40, 57 u. 58.

positum autem sic fuerat, transitum per Thraciam tutum et commeatus Bastarnis ut Philippus praestaret. id ut facere posset, re-
gionum principes donis coluerat fide sua obligata pacato agmine
transituros Bastarnas. Dardanorum gentem delere propositum erat
inque eorum agro sedes fundare Bastarnis. duplex inde erat com-
modum futurum, si et Dardani, gens semper infestissima Macedoniae
temporibusque iniquis regum inminens, tolleretur, et Bastarnae relictis in Dardania coniugibus liberisque ad populandam Italiam
possent mitti: per Scordiscos iter esse ad mare Adriatricum
Italiamque, alia via traduci exercitum non posse. facile Bastarnis
Scordiscos iter daturos — nec enim aut lingua aut moribus
[aequales] abhorrere[1]) — et ipsos adiuncturos se, cum ad prae-
dam opulentissimae gentis ire vidissent. inde in omnem eventum
consilia adcommodabantur: sive caesi ab Romanis forent Bastarnae,
Dardanos tamen sublatos praedamque ex reliquiis Bastarnarum
et possessionem liberam Dardaniae solacio fore, sive prospere rem
gessissent, Romanis aversis in Bastarnarum bellum recuperaturum
se in Graecia quae amisisset.

Der Weg, den Philipp hiernach den Bastarnern zuwies, ging
nach Überschreitung der Donau wahrscheinlich im Jatrus- oder
Oescusthal aufwärts, über die Wasserscheide und hinab in das
Land der Dardaner, dann die Morawa hinab, die Donau und
Save hinauf und so nach Italien auf Aquileja, welches gerade
jetzt[2]), um der drohenden Gefahr zu wehren, von den Römern
als Kolonie gegründet war. Nun starb — zum Glück für Rom
— Philipp gerade in dem Augenblick, wo die Bastarner ankamen,
und sein Nachfolger war nicht in dem Masse Herr seiner Stellung,
wie sein verstorbener Vater.

Die Bastarner hatten im Jahre 179 die Donau überschritten
und ihr Anführer Cotto, ein nobilis Bastarna, kam in Begleitung
des Antigonus, des Gesandten Philipps an die Bastarner, nach
Amphipolis. Der Tod des Königs als des einen der Kontrahenten
stellte die Gültigkeit des zwischen ihm und den Bastarnern ge-
schlossenen Abkommens in Frage und eine allgemeine Unsicher-
heit war die Folge. Livius berichtet darüber[3]): ingressi sunt

1) cf. Weissenborn ad. h. l.
2) Im Jahre 1S3/2 v. Ch.
3) 40, 58.

pacato agmine digressu [1]) deinde Cottonis et Antigoni et haud multo post ad famam mortis Philippi neque Thraces commercio faciles erant, neque Bastarnae empto contenti esse poterant aut in agmine contineri, ne decederent via. inde iniuriae ultro citroque fieri, quarum in dies incremento bellum exarsit. postremo Thraces cum vim ac multitudinem sustinere hostium non possent, relictis campestribus vicis in montem ingentis altitudinis — Donucam vocant —, es ist wahrscheinlich der im Altertum als Dunax mons, heute Rila bezeichnete bis zu 2700 m hohe Bergwald, an dem Nesthus, Strymon, Hebrus und Oescus entspringen — concesserunt. quo cum subire Bastarnae vellent, quali tempestate Gallos spoliantes Delphos fama est peremptos esse, talis tum Bastarnas nequiquam ad iuga montium adpropinquantes obpressit. neque enim imbre tanto effuso, dein creberrima grandine obruti sunt cum ingenti fragore caeli tonitribusque et fulguribus praestringentibus aciem oculorum, sed fulmina etiam sic undique micabant, ut peti viderentur corpora, nec solum milites, sed etiam principes icti caderent. itaque cum praecipiti fuga per rupes praealtas improvidi sternerentur ruerentque, instabant quidem perculsis Thraces, sed ipsi deos auctores fugae esse caelumque in se ruere aïebant dissipati procella cum tamquam ex naufragio plerique semermes in castra, unde profecti erant, redissent, consultari, quid agerent, coeptum. inde orta dissensio, aliis redeundum, aliis penetrandum in Dardaniam censentibus. triginta ferme milia hominum in Dardaniam Clondico duce, quo [2]) profecti erant, pervenerunt. cetera multitudo retro, qua venerat, ad aquilonem [3]) mediterraneam regionem repetit.

Unter diesen Umständen zieht Perseus es vor, Gesandte nach Rom zu schicken, welche durch die Erneuerung des früheren Freundschaftsverhältnisses ihm die Anerkennung des römischen Volkes verschaffen sollten. Indessen haben jedoch die Bastarner die Dardaner angegriffen und in grosse Not gebracht, so dass diese sich gezwungen sehen, in Rom um Hilfe zu bitten. In den

---

1) Zu der Lesart cf. Weissenborn ad h. l.

2) Die Lesart ist nicht sicher. Ich folge Madwig, denn es ist der ganzen Situation nach völlig ausgeschlossen, dass die Bastarner aus Westen nach Dardanien gekommen seien.

3) M²A bieten: appolloniam meridianam regionem cf. Weissenborn ad. h. l.

excerptis de legationibus p. 116—119 ist uns der entsprechende Bericht des Polybius [1]) erhalten:

ἡκόντων δὲ τῶν Δαρδανίων, καὶ περὶ τοῦ πλήϑους τῶν Βασταρνῶν καὶ περὶ τοῦ μεγέϑους τῶν ἀνδρῶν καὶ τῆς ἐν τοῖς κινδύνοις τόλμης ἐξηγουμένων, καὶ διασαφούντων περὶ τῆς Περσέως κοινοπραγίας καὶ τῶν Γαλατῶν, καὶ φασκόντων τοῦτον ἀγωνιᾶν μᾶλλον ἢ τοὺς Βαστάρνας, καὶ διὰ ταῦτα δεομένων σφίσι βοηϑεῖν, παρόντων δὲ καὶ Θετταλῶν καὶ συνεπιμαρτυρούντων τοῖς Δαρδανίοις, καὶ παρακαλούντων καὶ τούτων ἐπὶ τὴν βοήϑειαν, ἔδοξε τῇ συγκλήτῳ πέμψαι τινὰς τοὺς αὐτόπτας ἐσομένους τῶν προσαγγελλομένων. καὶ παραυτίκα καταστήσαντες Αὖλον Ποστούμιον ἐξαπέστειλαν, καὶ σὺν τούτῳ τινὰς τῶν νέων.

Aulus Postumius und seine Begleiter sind dann auch in Makedonien gewesen, denn Livius berichtet uns nach Polybius zum Jahre 175 Folgendes [2]):

belli Macedonici subibat iam cura miscente Perseo inter Dardanos Bastarnasque certamina. et legati, qui missi ad res visendas in Macedoniam erant, iam reverterant Romam renuntiaverantque bellum in Dardania esse. simul venerant et ab rege Perseo oratores, qui purgarent nec accitos ab eo Bastarnas nec auctore eo quicquam facere. senatus nec liberat eius culpae regem neque arguit; moneri eum tantum modo iussit, ut etiam atque etiam curaret, ut sanctum habere foedus, quod ei cum Romanis esset, videri posset.

Livius schliesst gleich hieran die Schilderung des Abzuges der Bastarner aus dem Gesichtskreise der alten Welt: Dardani cum Bastarnas non modo non excedere finibus suis, quod speraverant, sed graviores fieri in dies cernerent, subnixos Thracum adcolarum et Scordiscorum auxiliis, audendum aliquid vel temere rati, omnes undique armati ad oppidum, quod proximum castris Bastarnarum erat, conveniunt. hiemps erat, et id anni tempus elegerant, ut Thraces Scordiscique in fines suos abirent. quod ubi ita factum et solos iam esse Bastarnas audierunt, bifariam dividunt copias, pars ut recto itinere ad lacessendum ex aperto iret, pars devio saltu circumducta ab tergo adgrederetur. ceterum priusquam circumire castra hostium possent, pugnatum est, victique Dardani compelluntur in urbem, quae fere duodecim milia ab

1) K. E., 6, 2—6.
2) 41, 19,4 sq.

castris Bastarnarum aberat. victores confestim secuti circumsidunt
urbem, haud dubie postero die aut metu dedituris se hostibus aut
vi expugnaturi. interim Dardanorum altera manus, quae circumducta erat, ignara cladis suorum castra Bastarnarum sine praesidio
relicta . . . . .

Hier tritt bei Livius eine Lücke ein, und wir erfahren aus
ihm nur noch, dass die Bastarner bald darauf abgezogen sein
müssen[1]): Bastarnas primum ad terrorem omnium in Dardaniam
immisit (Perseus), qui si sedem eam tenuissent, graviores eos
accolas Graecia habuisset, quam Asia Gallos habebat.

Ergänzend tritt hier Orosius[2]) ein. Er verlegt diese Ereignisse allerdings in das Jahr 176:

Lepido et Mucio consulibus Bastarnarum gens ferocissima,
auctore Perseo Philippi filio, praedarum spe sollicitata et trans-
enudi Istri fluminis facultate, sine ulla pugna vel aliquo hoste
deleta est. nam tunc forte Danubius, qui et Ister, crassa glacie
superstratus — also wohl in demselben Winter, in welchem nach
Livius die unentschiedene Schlacht zwischen Dardanern und
Bastarnern stattfand, — pedestrem facile transitum patiebatur.[3])
itaque cum improvide toto et maximo simul agmine inaestimabilis
hominum vel equorum multitudo transiret, enormitate ponderis et
concussione gradientium concrepans gelu et glacialis crusta dissi-
luit universumque agmen, quod diu sustinuerat, mediis gurgitibus
victa tandem et comminuta destituit atque eadem rursus fragmentis
impedientibus superducta, submersit. pauci ex omni populo per
utramque ripam vix concisis visceribus evaserunt.

Dem Berichte unserer Quelle ist kritisch nicht viel hinzuzufügen; er ist glaubwürdig. Dass Livius, hierin dem Polybius
folgend, die Bastarner den Galliern zurechnet, hat nichts Auf-
fallendes und erklärt sich durch die schon oben konstatierte
falsche Vorstellungsart der Griechen, alle Völker aus dem Norden
und Nordwesten für Kelten zu halten, wenn sie nicht ausgesprochen
sarmatischen oder skythischen Typus zeigen.

---

1) 41, 23 (12).

2) IV, cap. 20; aus ihm Landolfus 68, 6.

3) Über die Eisbildung der unteren Donau cf. J. R. v. Lorenz-Liburnau,
die Donau etc. Wien 1890. S. 22 sq. Das Donaueis war den Barbaren eine
immer willkommene Brücke, Dio 51, 36, 2.

Einzelne Züge, welche für das Germanentum der Bastarner sprechen, erscheinen auch hier. Man kann einmal dort, wo die Bastarner am Berge Dunax durch das Ungewitter geschreckt zurückweichen und als Grund dafür den Willen der Götter angeben — caelumque in se ruere aiëbant — eine Hinweisung auf den Donarkult erblicken. Wir sehen zugleich, dass die Flucht ihnen als die grösste Schande galt, und dass nur die Furcht vor dem Göttlichen sie dazu bewegen konnte. Ferner schildern die Gesandten der Dardaner die Bastarner als Germanen, wenn sie von ihnen als riesengrossen und in Gefahren sehr tollkühnen Menschen sprechen. Die Tollkühnheit ist ja bei dem Germanen durch seinen Glauben an die Einheriar motiviert.

Dem gegenüber steht nun der anscheinend sehr schwerwiegende Ausspruch des Livius[1]): facile Bastarnis Scordiscos iter daturos — nec enim aut lingua aut moribus [aequales] abhorrere —. Diese Worte sind der einzige fast und zugleich der Hauptstützpunkt derjenigen, welche immer noch an ein Keltentum der Bastarner glauben. Aber vergegenwärtigen wir uns einmal, wie Polybius — die Quelle des Livius für diese Nachricht — gearbeitet hat: Polybius hat doch nur den Plan Philipps als solchen erfahren; dessen innere Begründung ist ein Teil seiner Aufgabe als Geschichtsschreiber. Nun kannte Polybius die Skordisker als Kelten, von dem keltischen Ursprung der Bastarner war er fest überzeugt; ist es da zu verwundern, wenn er in der von ihm nicht ethnologisch erforschten Ähnlichkeit oder Gleichheit beider Stämme ein willkommenes Mittel fand, um seiner Darstellung innerlich eine festere Verknüpfung zu geben? Mann kann doch von Polybius nicht die Akribie moderner Historiker verlangen! Er schrieb, zufrieden mit dem Glauben an die Richtigkeit einer Annahme, die von niemand in Zweifel gezogen wurde. Und selbst, wenn man hiermit nicht rechnen will, was heisst denn: nec abhorrere?

Damit ist doch noch lange nicht gesagt, dass beide Völker völlig übereinstimmen in Sprache und Sitten, sondern nur, dass Skordisker und Bastarner einander ähnlicher sind, als einer von ihnen dem Dardaner oder Makedonier gegenüber. Und da-

---

1) 40, 57.

gegen wird niemand streiten. Das „nec lingua abhorrere" wird
dann so zu verstehen sein, dass sich die Leute zur Not mitein-
einander verständigen konnten, und auch das ist sehr natürlich.
Der Gallier war auf seiner Ostwanderung mit Südgermanen in
mannigfache Berührung gekommen und ebenso werden die Bastarner
manches gallische Wort von den Britolagen gelernt haben, in
deren Gebiet sie vor wenigen Lustren eingerückt waren. Und
dann sollte man doch daran denken, dass das Altkeltische dem
Urgermanischen innig verwandt ist, dass in so alter Zeit die
Tochtersprachen untereinander viel mehr verständlich waren, als
heute nach 2000 Jahren, und dass den Kelten und Germanen
doch einmal eine Muttersprache zu Grunde gelegen hat. Also
ein zwingender Beweis für das Keltentum der Bastarner kann auf
keinen Fall in diesen Worten des Livius liegen, vielmehr bestä-
tigen sie uns nur um so fester die Auffassung des Polybius und
werden dadurch gerade für das Gegenteil von dem, was man aus
ihnen herauslesen wollte, beweisend. Zur Charakteristik des eben
geschilderten Zuges möge noch dienen, dass wir in ihm einen
mit Weib, Kind und Vieh unternommenen Wanderzug erblicken
müssen[1]; Philipp von Makedonien hatte demnach den Bastarnern
eine feste Ansiedelung in Aussicht gestellt. Dass wir es hier nur
mit einem Bruchteil des Volkes zu thun haben, wurde oben
schon bemerkt.

Mochte auch der von den Bastarnern dem Philippus gesandte
Heerzug unter Clondicus zum grössten Teile in der Donau um-
gekommen sein, Clondicus hatte sich gerettet und erschien bald
mit neuen Streitkräften. Es ist bekannt, unter welchen Umständen
der dritte makedonische Krieg ausbrach und wie Perseus trotz
der schlechten Kriegführung der Römer nichts gegen diese aus-
richtete. Als sein Heer noch am Enipeus stand, bot ihm Clondicus
20 000 Mann zur Hilfe an, jedoch der geizige König verscherzte
sich diese für ihn höchst wünschenswerte Unterstützung. Livius[1])
berichtet darüber: ... sed et ante Gentii regis parata societas et
tum Gallorum effusorum per Illyricum ingens oblatum auxi-
lium avaritia dimissum est (a Perseo). veniebant decem milia
equitum, par numerus peditum et ipsorum iungentium cursum

1) Livius 40, 57.
2) 44, 26 sq.

equis et in vicem prolapsorum equitum vacuos capientium ad
pugnam equos. hi pacti erant eques denos praesentes aureos,
pedes quinos, mille dux eorum. venientibus his Perseus ab Enipeo
ex castris profectus obviam cum dimidia copiarum parte denun-
tiare per vicos urbesque, quae viae propinquae sunt, coepit, ut
commeatus expedirent, frumenti vini pecorum ut copia esset. ipse
equos phalerasque et sagula donum principibus ferre et parvom
pondus auri, quod inter paucos divideret, multitudinem credens
trahi spe posse. ad Almanam urbem pervenit et in ripa fluminis
Axii posuit castra. circa Desudabam in Maedica exercitus Gallorum
consederat, mercedem pactam opperiens. eo mittit Antigonum,
ex purpuratis unum, qui iuberet multitudinem Gallorum ad
Bylazora — Paeoniae is locus est — castra movere, principes
ad se venire frequentes. LXXV milia ab Axio flumine et castris
regis aberant. haec mandata ad eos cum pertulisset Antigonus
adiecissetque, per viam quantam omnium praeparatam cura regis
copiam inventuri forent, quibusque muneribus principes advenientes
vestis argenti equorumque excepturus rex esset, de his quidem
se coram cognituros respondent, illud, quod praesens pepi-
gissent, interrogant, ecquid aurum, quod in singulos pedites equi-
tesque dividendum esset, secum advexisset. cum ad id nihil
responderetur, Clondicus, regulus eorum „abi, renuntia ergo", in-
quit, „regi, nisi aurum obsidesque accepissent, nusquam inde Gallos
longius vestigium moturos". haec relata regi cum essent, advocato
consilio cum, quid omnes suasuri essent, appareret, ipse pecuniae
quam regni melior custos institit de perfidia et feritate Gallorum
disserere, multorum iam ante cladibus experta: periculosum esse
tantam multitudinem in Macedoniam accipere, ne graviores eos
socios habeant quam hostes Romanos. quinque milia equitum
satis esse, quibus et uti ad bellum possent et quorum multitudinem ipsi non timeant. apparebat inde omnibus mercedem in multitu-
dine timere nec quicquam aliud, sed cum suadere consulenti nemo
auderet, remittitur Antigonus, qui nuntiaret, quinque milium equitum opera tantum uti regem, non tenere multitudinem aliam.
quod ubi audivere barbari, ceterorum quidem fremitus fuit indig-
nantium se frustra excitos sedibus suis; Clondicus rursus interrogat,
ecquid ipsis quinque milibus, quod convenisset, numeraret? cum
adversus id quoque misceri ambages cerneret, inviolato fallaci

nuntio, quod vix speraverat ipse posse contingere, retro ad Histrum perpopulati Thraciam, qua vicina erat viae, redierunt. quae manus quieto sedente rege ad Enipeum adversus Romanos Perraebiae saltum in Thessaliam traducta non agros tantum nudare populando potuit, ne quos inde Romani commeatus exspectarent, sed ipsas excindere urbes tenente ad Enipeum Perseo Romanos, ne urbibus sociis opitulari possent. ipsis quoque Romanis de se cogitandum fuisset, quando neque manere amissa Thessalia, unde exercitus alebatur, potuissent, neque progredi, cum ex adverso castra Macedonum (essent), qui ea pependerant spe, haud mediocriter debilitavit.

Diodor erwähnt, wenn auch kurz, denselben Vorgang [1]): ὅτι ὁ Περσεὺς πυθόμενος ἐπιλέκτους Γαλάτας πεπεροκέναι τὸν Ἴστρον ἐπὶ συμμαχίᾳ, περιχαρὴς γενόμενος ἀπέστειλεν εἰς τὴν Μαιδικὴν προτρεπόμενος ἥκειν τὴν ταχίστην. ὁ δὲ τῶν Γαλατῶν ἡγούμενος συμφωνήσας μισθὸν ᾔτει τακτὸν τοῦ σύμπαντος χρήματος εἰς πεντακόσια τάλαντα γινομένου. τοῦ δὲ Περσέως ὁμολογήσαντος μὲν δώσειν, οὐ πιστοῦντος δὲ τὸ συμφωνηθὲν διὰ φιλαργυρίαν, ἐπανῆλθον εἰς τὴν οἰκείαν πάλιν οἱ Γαλάται.

Ausführlicher ist Plutarch [2]): ἷκον μὲν γὰρ αὐτῷ (Πέρσει) δεηθέντι Βαστέρναι, μύριοι μὲν ἱππεῖς, μύριοι δὲ παραβάται μισθοφόροι πάντες, ἄνδρες οὐ γεωργεῖν εἰδότες, οὐ πλεῖν οὐκ ἀπὸ ποιμνίων ζῆν νέμοντες, ἀλλ' ἓν ἔργον καὶ μίαν τέχνην μελετῶντες ἀεὶ 'μάχεσθαι καὶ κρατεῖν τῶν ἀντιταττομένων. ὡς δὲ περὶ τὴν Μαιδικὴν κατεστρατοπεδεύσαντες ἐπεμίγνυντο τοῖς παρὰ τοῦ βασιλέως ἄνδρες ὑψηλοὶ μὲν τὰ σώματα, θαυμαστοὶ δὲ τὰς μελέτας, μεγάλαυχοι δὲ καὶ λαμπροὶ ταῖς κατὰ τῶν πολεμίων ἀπειλαῖς, θάρσος παρέστησαν τοῖς Μακεδόσι καὶ δόξαν ὡς τῶν Ρωμαίων οἰχ ὑπομενούντων, ἀλλ' ἐκπλαγησομένων τὴν ὄψιν αὐτὴν καὶ τὴν κίνησιν ἔκφυλον οἶσαν καὶ δυσπρόσοπτον. οὕτω 'διαθεὶς τοὺς ἀνθρώπους ὁ Περσεὺς καὶ τοιούτων ἐμπλήσας ἐλπίδων αἰτούμενος καθ' ἕκαστον ἡγεμόνα χιλίους, πρὸς τὸ γιγνόμενον τὸ χρυσίου πλῆθος ἰλιγγιάσας καὶ παραφρονήσας ὑπὸ μικρολογίας ἀπείπατο καὶ προήκατο τὴν συμμαχίαν ὥσπερ οἰκονομῶν, οὐ πολεμῶν Ρωμαίοις καὶ λογισμὸν ἀποδώσων ἀκριβῆ τῆς εἰς τὸν πόλεμον δαπάνης οἷς ἐπολέμει.

---

1) XXX 19 (exc. de virt. et. vit. p. 580); Bekker 30, 24.
2) Aemilius Paullus 12, 2 sq.

Und ebendort im 13. Kapitel: οὐ γὰρ μόνον ἀπέπεμψε τοὺς
Γαλάτας . . . . .
Schliesslich liegt noch ein Parallelbericht bei Appian vor [1]):
ἐς δὲ Γέτας [2]) ἔπεμπε τοὺς ὑπὲρ Ἴστρον καὶ Εὐμενοῦς ἀπεπείρα-
σεν ἐπὶ χρήμασιν ἢ μεταθέσθαι πρὸς αὑτὸν, ἢ διαλῦσαι τὸν πόλεμον, ἢ ἀμφοτέροις ἐκστῆναι τοῦ ἀγῶνος . . . . . καὶ ὁ Περσεὺς
ἤδη Γετῶν αὑτῷ προσιέναι μισθοφόρους μυρίους ἱππέας καὶ
μυρίους πεζοὺς πυθόμενος, αὐτίκα τοῦ Εὐμενοῦς κατεφρόνει
. . . . . Γετῶν δὲ τὸν Ἴστρον περασάντων, ἐδόκει Κλοιλίῳ μὲν
τῷ ἡγεμόνι δοθῆναι χιλίους χρυσοῦς στατῆρας, ἱππεῖ δ᾽ ἑκά-
στῳ δέκα καὶ τὰ ἡμίσεα πεζῷ. καὶ τοῦτο σύμπαν ἦν ὀλίγῳ
πλέον πεντεκαίδεκα μυριάδων χρυσίου. ὁ δὲ χλαμύδας μέν τινας
ἐπήγετο καὶ ψέλια χρυσᾶ καὶ ἵππους ἐς δωρεὰν τοῖς ἡγουμένοις
καὶ στατῆρας φερομένους μυρίους καὶ πλησιάσας μετεπέμπετο
Κλοίλιον. ὁ δὲ τοὺς ἐλθόντας, εἰ φέρουσι τὸ χρυσίον, ἤρετο καὶ
μαθὼν οὐκ ἔχοντας ἀναστρέφειν ἐπ᾽ αὑτὸν ἐκέλευσεν. ὧν ὁ Περσεὺς πυθόμενος πάλιν αὐτὸν ἐλαύνοντος θεοῦ, κατηγόρει τῶν
Γετῶν ἐν τοῖς φίλοις ἐκ μεταβολῆς ὡς φύσεως ἀπίστου καὶ ὑπεκ-
ρίνετο μὴ θαρρεῖν δυσμυρίους ἐς τὸ στρατόπεδον ὑποδέξασθαι,
μόλις δ᾽ ἔφη μυρίους, ὧν καὶ νεωτεριζόντων κρατῆσαι δύνασθαι.
ταῦτα δὲ τοῖς φίλοις εἰπὼν ἕτερα τοῖς Γέταις ἐπλάττετο, καὶ τὸ
ἥμισυ τῆς στρατιᾶς ᾔτει, τὸ χρυσίον τὸ γιγνόμενον ὑπισχνούμενος
δώσειν. τοσαύτης ἀνωμαλίας ἔγεμε, φροντίζων χρημάτων τῶν πρὸ
βραχέος ἐς θάλασσαν μεθειμένων. ὁ δε Κλοίλιος τοὺς ἀφικομέ-
νους ἰδὼν ἤρετο μετὰ βοῆς εἰ τὸ χρυσίον κεκομίκασι, καὶ βουλο-
μένους τι λέγειν ἐκέλευσε πρῶτον εἰπεῖν περὶ τοῦ χρυσίου. ὡς δὲ
ἔμαθεν οὐκ ἔχοντας, οὐκ ἀνασχόμενος αὐτῶν οὐδ᾽ ἀκοῦσαι, τὴν
στρατιὰν ἀπῆγεν ὀπίσω.
Die thatsächlichen Ereignisse sind durch die Parallelberichte
so klar gestellt, dass eine Wiederholung unnötig ist. Müllenhoff
schätzt die einwandernden Bastarner auf 700000 Köpfe.[3]) Aus
den Worten des Livius: „et tum Gallorum effusorum per Illyricum"
zu schliessen, die Bastarner seien aus Nordwesten gekommen [4])
und deshalb als Gallier zu betrachten, scheint mir völlig verfehlt.

---

1) Macedonica 18 (Val. p. 562).
2) cf. praef. cap. 4. Illyrica cap. 4.
3) D. A. K. II, 105.
4) Weissenborn ad. Liv. 44, 26.

Einmal wird dies durch die Parallelberichte widerlegt, welche Bastarner nennen und Ereignisse berichten, die mit den hier bei Livius geschilderten notwendig .identisch sein müssen, denn wir haben in beiden denselben Ort, dieselbe Zeit, dieselben handelnden Personen, dieselben Vorgänge. Dass die Quelle des Livius hier Polybius ist, wurde schon erwähnt[1]) und erklärt die Bezeichnung der Bastarner als Gallier. Zweitens aber schildert Livius selbst einen Einmarsch aus Nordosten, nicht aus Nordwesten, denn wenn die Bastarner in Maedica stehen, so ist wohl anzunehmen, dass sie das Oescusthal heraufmarschiert sind. Denn wenn Livius weiter sagt: „LXXV milia ab Axio flumine et castris regis aberant", so konnten sie, da das Lager nach Livius „in ripa fluminis Axii" aufgeschlagen war, unmöglich das Morawathal, den einzig möglichen Nordwestzugang, heraufziehen, um dann am Passe bei Skupi den Axios zu erreichen, denn in diesem Falle wären sie ungefähr um die Hälfte näher am Axios als am Lager des Königs gewesen. Drittens lag Illyricum nicht nur nordwestlich von Makedonien, vielmehr umfasst der Begriff Illyricum bis auf die Errichtung der Donauprovinzen durch die Römer die sämtlichen Donaulandschaften im Süden des Flusses, wie es Appian[2]) direkt sagt, und das monumentum Ancyranum[3]) durch Nichterwähnung der moesischen Provinz andeutet. Diese geographische Anschauung wird dann auch durch Mommsen, Jung und v. Premerstein bestätigt.[4])

Wir werden also daran festzuhalten haben, dass die Bastarner aus Nordosten nach Überschreitung der Donau wahrscheinlich im Oescusthal heraufmarschiert kamen. Es ist dies im wesentlichen derselbe Weg, den Clondicus schon im Jahre 182 eingeschlagen hatte. Damit stimmt Livius völlig überein, wenn er sagt: retro ad Histrum, perpopulati Thraciam, qua vicina erat viae redierunt. Sie sind also durch Thrakien gekommen und zurückgegangen, kamen also aus dem Nordosten.

---

1) cf. H. Nissen, Kritische Untersuchg. über die Quellen der 4. und 5. Dekade des Livius, S. 238, 240 sq., 264, 299 sq.

2) Illyrica 6.

3) V, 44.

4) CIL III, XIII sq., R. G. V, 19/20. Jung, Römer und Romanen etc., S. 20. v. Premerstein, Jahreshefte des österr. Instituts I (1898) Anhang Spalte 145 sq.

Aus der hier angezogenen Schilderung des Plutarch erhalten wir mehrere Züge, welche unsere Bastarner mit grösserer Deutlichkeit als Germanen erkennen lassen. Er schildert die Bastarner als Leute unbekannt mit dem Ackerbau, die weder Schiffahrt zu treiben, noch von der Viehzucht zu leben verstehen, sondern nur eine Beschäftigung, eine Kunst pflegen: immer zu kämpfen und den Gegner zu überwinden. Es sind hohe Gestalten, die Staunenswertes in den Waffenübungen leisten, hoffärtig und stolz in den Drohungen gegen ihre Feinde. Und wenn Plutarch ferner sagt, dass sie den Römern Schrecken einflössen würden durch ihren fremdartigen und schrecklichen Anblick, so liegt auch darin angedeutet, dass sie keine Gallier sein konnten, denn diese waren den Römern hinreichend bekannt und ihnen weder fremdartig, noch schrecklich.

Nicht in diese Gedankenreihen darf die Bemerkung des Perseus gezogen werden, welche den Bastarnern Treulosigkeit vorwirft. Nicht als ob nicht auch Germanen treulos handeln könnten, sondern weil diese Äusserung des Königs einmal nicht aufrichtig gemeint ist und sodann, weil sie Livius nicht auf die Bastarner, sondern auf die aus früheren Einfällen den Makedoniern bekannten Kelten bezieht.

Schliesslich möge noch eine Bemerkung über die Verfassung dieser Germanen, soweit es die Quellen gestatten, hier Platz finden. Livius bezeichnet den Clondicus — nach Müllenhoff[1]) würde er lautgesetzlich richtig im nhd. „Ludwig" heissen — als regulus, nicht als rex. Daneben kennt er noch principes, denen Perseus Pferde, Pferdezierat, Mäntel und etwas Geld zum Geschenk machen lässt und sie gleich dem regulus zu sich entbietet. Plutarch nennt gleichfalls mehrere ἡγεμόνες, nach ihm sollte jeder von diesen 1000 Goldstücke bekommen, während Livius die Forderung der 1000 Goldstücke dem Clondicus allein zuschreibt. Appian stimmt hier mit Livius überein, und wir können beiden zustimmen, wenn wir auch die von Appian überlieferte Form Κλοίλιος für Clondicus nicht gelten lassen werden. Wir finden also einen Herzog, unter dem mehrere nicht amts-, aber ranggleiche Edle stehen. An ein festes Königtum bei allen östlichen Germanen, wie man es aus

---

1) D. A. K. a. a. O.

den Worten des Tacitus[1] „trans Lugios Gotones regnantur“ als eine allgemeine Einrichtung annehmen wollte, ist hier keinenfalls zu denken, denn aus der Uneinigkeit der Bastarner am Berge Dunax sieht man deutlich, dass keine straffe Centralgewalt, wie sie ein stehendes regnum selbstverständlich geschaffen haben müsste, sondern nur eine freiwillige Unterordnung zu bestimmten Zwecken vorhanden war. Dieser lockere Kriegsverband tritt uns bei den hier auftretenden Germanen bis auf die Zeiten der Völkerwanderung entgegen; Ermanareiks ist der erste, der einen einigermassen konsolidierten Germanenstaat schuf.

III.

Germanische Söldner im Heere des Mithradates.

Für eine Reihe von Jahren verlieren wir nun die Bastarner aus den Augen, bis sie wieder unter den Soldtruppen des Königs Mithradates auftreten. Dieser warb bekanntlich in den nördlichen Pontusländern für sein Heer. Im 13. Kapitel von Appians Mithridatike begegnet uns die Notiz: ἡ παρασκευὴ δὲ ὅση καὶ πᾶσα ἕτοιμος ὡς ἐπὶ μέγαν δὴ καὶ ἐγνωσμένον πόλεμον ἤδη, τοῦ τε ἰδίου στρατοῦ καὶ συμμάχων Θρᾳκῶν καὶ Σκυϑῶν ὅσα τε ἄλλα πλησίον ἔϑνη. Und Pompejus Trogus überliefert uns, dass Mithradates Gesandte an die Sarmaten und Bastarner schickte, um ein Hülfskorps zu werben.[2] Bald erfahren wir dann, dass die Bastarner die tüchtigsten und den Römern gefährlichsten seiner Krieger waren. Sie werden unter seinen Streitkräften aufgeführt zusammen mit Skythen, Taurern, Thrakern und Sarmaten im 15. Kapitel der Mithridatike[3] und bei einer zweiten Aufzählung heissen sie im Vergleich zu den anderen Hülfsvölkern des Königs τὸ ἀλκιμώτατον αὐτῶν γένος.[4] Als dann Mithradates Chalkedon belagerte, zeichneten sich seine Bastarner durch ihren Heldenmut aus; 3000 Römer sollen gefallen sein und von den Bastarnern, welche im

[1] Germania 43.
[2] Justin 38, 3 § 6.
[3] Teubn. S. 454, Z. 10.
[4] Appian M. 71, S. 510, Z. 19.

Vorkampf den Hafen stürmten, 20. Memnon giebt in seinem Berichte[1]) über dies Ereignis die Zahl auf ungefähr 30 an, er schreibt[2]): πολέμου δὲ ναυτικοῦ κατὰ Καλχηδόνα πόλιν Ῥωμαίοις τε καὶ Ποντικοῖς συστάντος, καὶ πεζῆς δὲ δυνάμεως τῆς δὲ βασιλικῆς καὶ τῆς Ῥωμαϊκῆς εἰς μάχην ἀλλήλαις συῤῥαγείσης (ἐστρατήγει δὲ τῆς μὲν Κόττας, τῆς δὲ Μιθραδάτης) τρέπουσιν οἱ Βαστέρναι κατὰ τὸ πεζὸν τοὺς Ἰταλοὺς καὶ πολὺν αὐτῶν φόνον εἰργάσαντο. τὰ αὐτὰ δὲ καὶ περὶ τὰς ναῦς ἐγένετο καὶ ὑπὸ μίαν ἡμέραν γῇ τε καὶ θαλάσσῃ [πάντα] τοῖς Ῥωμαίων διελελύμαστο σώμασιν, διαφθαρέντων ἐν μὲν τῇ ναυμαχίᾳ ὀκτακισχιλίων, τετρακισχιλίων δὲ καὶ πεντακοσίων ἑαλωκότων, τοῦ δὲ πεζοῦ στρατεύματος Ἰταλοὶ μὲν τριακόσιοι καὶ πεντακισχίλιοι, τῶν δὲ Μιθριδατείων Βαστέρναι μὲν περὶ τριάκοντα, τοῦ δὲ λοιποῦ πλήθους ἑπτακόσιοι. — Schon die Gegenüberstellung des λοιπὸν πλῆθος den Bastarnern gegenüber zeigt, dass diese des Tages Last und Hitze getragen haben und eine bevorzugte Truppe des pontischen Dynasten gewesen sind.

Leider ist dies fast alles, was wir von der Beteiligung der Bastarner am Mithradatischen Kriege wissen. Eine Erwähnung der Truppe finden wir bei Athenäus[3]): Μάνιος δὲ Ἀκύλλιος ὁ ὑπατευκὼς (τῶν Ῥωμαίων), ὁ τὸν ἀπὸ Σικελίας καταγαγὼν θρίαμβον, συνδέτην ἔχων ἀλύσει μακρᾷ Βαστάρνην πεντάπηχυν πεζὸς ὑπὸ ἱππέως ἕλκεται. Dieser Bastarner war demnach ungefahr 2,50 m lang, und wenn er auch ein ausgesucht langer Kerl gewesen sein mag, so finden wir doch in dieser Notiz in Verbindung mit den oben angeführten Nachrichten über die Körperlänge der Bastarner einen Hinweis auf ihr Germanentum.

Schliesslich erwähnt Plinius[4]) die Basterni unter den Völkern, über welche Pompejus im Jahre 61 triumphierte. Ich lese hier in Übereinstimmung mit Sillig Basterni und nicht Bastreni. Müllenhoff[5]) will die letztere Form in Anspruch nehmen, weil er hier die Bostrener vermutet. Ich kann mich ihm aber nicht anschliessen, weil seine Konjektur dem Text Gewalt anthut, und

---

1) F. H. G. (Müller) III, 545.
2) cap. 39.
3) Aus Posidonius F. H. G. III, 268.
4) h. n. VII, 98: Basternis, hss.: Bastenis R., Bastrenis d.
5) D. A. K. II, 107, A. 2.

weil der handschriftlichen Überlieferung nach die Form Basterni neben der Form Bastreni mindestens gleichwertig dasteht. Eine Änderung des Vokals muss aber hier schwerer wiegen als eine Metathesis des r- und e-Lautes, welche eine im Sprachmechanismus weit verbreitete und auch heute noch ganz gewöhnliche Erscheinung ist[1]. Schliesslich kann man doch erwarten, dass die Bastarner, bei einer so grossen Bedeutung im Heere des Mithradates, auch in einem Bericht über den Triumph genannt sind.

IV.

Bastarner und Römer im Kampfe:

Antonius, Krassus.

Kaum hatte Pompejus über die Bastarner triumphiert, so brachten Angehörige desselben Volkes — ein Hohn auf den Triumph — den Römern eine empfindliche Niederlage bei. Dem Prokonsul Antonius wurde der Statthalterposten, der ihn der Katilinarischen Verschwörung abspenstig gemacht hatte, nicht zum Segen. Er unternahm eine Expedition gegen Dardaner und Geten:

τά τε γὰρ τῶν Δαρδάνων — so erzählt Dio[2]) — καὶ τὰ τῶν πλησιοχώρων σφίσιν πορθήσας οὐκ ἐτόλμησεν ἐπιόντας αὐτοὺς ὑπομεῖναι, ἀλλ' ὡς καὶ ἐπ' ἄλλο τι μετὰ τῶν ἱππέων ὑποχωρήσας ἔφυγεν καὶ οὕτω τοῖς πεζοῖς ἐκεῖνοι περισχόντες ἔκ τε τῆς χώρας βιαίως ἐξήλασαν καὶ τὴν λείαν προσαφείλοντο. τὸ δὲ αὐτὸ τοῦτο καὶ περὶ τοὺς συμμάχους τοὺς ἐν τῇ Μυσίᾳ ποιήσας ἡττήθη ⟨πρὸς⟩ τῇ τῶν Ἰστριανῶν πόλει πρὸς τῶν Σκυθῶν τῶν[3]) Βαστάρνων, ἐπιβοηθησάντων αὐτοῖς, καὶ ἀπέδρα.

Ja es sollen diesem jämmerlichen Feldherrn — wie der folgende Bericht zeigen wird — sogar die Feldzeichen von den

---

1) Nadrowski, neue Schlaglichter auf dunkelen Gebieten der griech. und at. Etymologie. 2. Aufl. p. 43 sq.

2) 38, 10. Boissevain I, 435.

3) Bei Zippel, die röm. Herrschaft in Illyrien S. 217, Z. 15, ist also das „und" zwischen beiden Volksnamen zu streichen.

Bastarnern abgenommen worden sein, welche in Genukla[1]), einer festen, sonst völlig unbekannten Stadt, aufbewahrt sein sollen. Die Motive, die den Antonius zu diesem Raubzuge gegen Dardaner, Geten und ihre moesischen Bundesgenossen veranlassten, sind die eines alten Katilinariers würdige. Man kann sein Vorgehen, insbesondere weil es sich gegen Verbündete des römischen Volkes richtete, nur als gemeinen Strassenraub bezeichnen.

An unserer Stelle werden die Germanen, die über die Donaumündungen nach dem später sogenannten Mösien einfielen, zum ersten Male als „Skythen" bezeichnet[2]), eine Benennung, die von nun an immer dann wiederkehrt, wenn die Quellen sich über den ethnologischen Charakter ihres Objektes nicht völlig kar geworden sind.

Nach diesem Siege über die Römer scheinen die Bastarner einen Getenstamm unter Oroles — derselbe erscheint bei Dio unter dem Namen Roles — besiegt[3]) und das Gebiet zwischen Donau und Hämus am Ostrande des Schwarzen Meeres besetzt zu haben. So deutet wenigstens mit Recht Zippel[4]) eine Nachricht des Justin[5]): Daci quoque suboles Getarum sunt. qui cum Orole rege adversus Bastarnas male pugnassent, ad ultionem segnitiae capturi somnum capita loco pedum ponere iussu regis cogebantur, ministeriaque uxoribus, quae ipsis antea fieri solebant, facere. neque haec antea mutata sunt, quam ignominiam bello acceptam virtute delerent.

Die Bastarner werden also schon jetzt durch die Niederlage des Antonius und ihren Sieg über Oroles den Römern gefährlich, wenigstens erkannte ein staatsmännischer Kopf wie Octavian ihre Bedeutung. Das bezeugt die Gründung von Siscia durch den letzteren: ὡς ταμιείῳ χρησόμενος ἐς τὸν Δακῶν καὶ Βασταρνῶν πόλεμον[6]), und die Aufstellung einer Donauflotte zum Schutz der bedrohten Grenze. Octavian dachte also im Jahre 35 v. Ch. Pannonien zu seiner Operationsbasis auch gegen die Bastarner zu

1) Dio 51, 26 § 5.
2) τῶν Σκυθῶν τῶν Βασταρνῶν, Dio a. a. O.
3) Strabo VII, 3, 13.
4) a. a. O. S. 218.
5) Justin 32, 3, 16.
6) Appian Illyrica 22.

machen, später kam er auf Caesars Idee zurück und entschloss sich für Makedonien.

Hier ging er, da die Daker und Möser seinen Gegner Antonius unterstützt hatten[1]), noch im Jahre 29 angreifend vor.[2]) Auch hier ziehe ich es vor, den Originalbericht an Stelle eines Resumés zu geben, um viele kleine, aber interessante Züge festzuhalten:

κατὰ δὲ δὴ τοὺς αὐτοὺς τούτους χρόνους ἐν οἷς ταῦτ᾽ ἐγίγνετο, ὁ Κράσσος ὁ Μᾶρκος[3]) ἔς τε τὴν Μακεδονίαν καὶ ἐς τὴν Ἑλλάδα πεμφθεὶς τοῖς δὲ Δακοῖς καὶ [τοῖς] Βαστάρναις ἐπολέμησε. καὶ περὶ μὲν ἐκείνων, οἵτινές τε εἰσι καὶ διὰ τί ἐπολεμώθησαν, εἴρηται. Βαστάρναι δὲ Σκύθαι τε ἀκριβῶς νενομίδαται[4]), καὶ τότε τὸν Ἴστρον διαβάντες τήν τε Μυσίαν τὴν κατ᾽ ἀντιπέρας σφῶν καὶ μετὰ τοῦτο καὶ Τριβαλλοὺς ὁμόρους αὐτῇ ὄντας, τοὺς δὲ Δαρδάνους ἐν τῇ χώρᾳ τῇ ἐκείνων οἰκοῦντας ἐχειρώσαντο. τέως μὲν οὖν ταῦτ᾽ ἐποίουν, οὐδὲν σφίσιν πρᾶγμα πρὸς τοὺς Ῥωμαίους ἦν· ἐπεὶ δὲ τόν τε Αἷμον ὑπερέβησαν καὶ τὴν Θρᾴκην τὴν Δενθελητῶν ἔνσπονδον αὐτοῖς οὖσαν κατέδραμον, ἐνταῦθα ὁ Κράσσος — er hatte ausser den Auxilien die legio IV Scythica zu seiner Verfügung — τὸ μέν τι τῷ Σιτᾷ τῷ τῶν Δενθελητῶν βασιλεῖ τυφλῷ ὄντι ἀμύνων, τὸ δὲ δὴ πλεῖστον περὶ τῇ Μακεδονίᾳ φοβηθεὶς ἀντεπῆλθέ σφισιν, καὶ αὐτοὺς ἐκ τῆς προσόδου μόνης καταπλήξας ἐξέωσεν ἀμαχεὶ ἐκ τῆς χώρας. κἀκ τούτου οἴκαδε ἀναχωροῦντας ἐπιδιώκων τήν τε Σεγετικὴν καλουμένην προσεποιήσατο καὶ ἐς τὴν Μυσίδα ἐνέβαλε καὶ τήν τε χώραν σφῶν ἐκάκωσε καὶ πρὸς τεῖχός τι καρτερὸν προσελάσας τοῖς μὲν προδρόμοις ἔπταισε (μόνους γὰρ αὐτοὺς οἱ Μυσοὶ οἰηθέντες εἶναι ἐπέξοδον ἐποιήσαντο), προσβοηθήσας δέ σφισιν παντὶ τῷ λοιπῷ στρατεύματι καὶ ἀνέκοψεν αὐτοὺς καὶ προσεδρεύσας ἐξεῖλεν. πράσσοντος δὲ αὐτοῦ ταῦτα οἱ Βαστάρναι τῆς τε φυγῆς ἐπέσχον καὶ πρὸς τῷ Κέδρῳ ποταμῷ κατέμειναν, περιορώμενοι τὰ γενησόμενα. ἐπειδή τε νικήσας τοὺς Μυσοὺς καὶ ἐπ᾽ ἐκείνους ὥρμησεν, πρέσβεις ἔπεμψαν ἀπαγορεύοντες αὐτῷ μὴ διώ-

---

1) Plutarch Antonius 63.

2) Dio 51, 23 § 2—24 Schluss; cf. 51, 22 § 6 u. 7; Livius per. 134. 135; Zonaras X, 32.

3) cf. Prosopogr. Lat. II, 275, no. 226.

4) cf. 38, 20, 3.

κειν σφᾶς, ὡς οὐδὲν τοὺς Ῥωμαίους ἠδικηκότες. καὶ αὐτοὺς ὁ
Κράσσος κατασχὼν ὡς καὶ τῇ ὑστεραίᾳ τὴν ἀπόκρισιν δώσων, τά τε
ἄλλα ἐφιλοφρονήσατο καὶ κατεμέθυσεν ὥστε πάντα τὰ βουλεύματα
αὐτῶν ἐκμαθεῖν. ἀπλήστως τε γὰρ ἐμφορεῖται πᾶν τὸ Σκυθικὸν
φῦλον οἴνου καὶ ὑπερκορὲς αὐτοῦ ταχὺ γίγνεται. Κράσσος δὲ ἐν
τούτῳ τῆς νυκτὸς ἐς ὕλην τινὰ προχωρήσας, καὶ προσκόπους πρὸ
αὐτῆς καταστήσας, ἀνέπαυσέ τε τὸ στράτευμα, καὶ μετὰ τοῦτο
τῶν Βασταρνῶν μόνους τε ἐκείνους εἶναι νομισάντων καὶ ἐπιδρα-
μόντων σφίσιν, ἔς τε τὰ λάσια ἀναχωροῦσιν ἐπακολουθησάντων,
πολλοὺς μὲν ἐνταῦθα, πολλούς τε καὶ φυγόντας ἔφθειρεν. ὑπό
τε γὰρ τῶν ἁμαξῶν κατόπιν αὐτοῖς οὐσῶν ἐνεποδίσθησαν, καὶ
προσέτι καὶ τοὺς παῖδας τάς τε γυναῖκας σῶσαι ἐθελήσαντες
ἔπταισαν. καὶ τόν γε βασιλέα αὐτῶν Δέλδωνα αὐτὸς ὁ Κράσσος
ἀπέκτεινεν· καὶ τὰ σκῦλα αὐτοῦ τῷ Φερετρίῳ Διὶ ὡς καὶ ὀπῖμα
ἀνέθηκεν, εἴπερ αὐτοκράτωρ στρατηγὸς ἐγεγόνει. ἐκεῖνά τε οὖν
οὕτως ἐπράχθη, καὶ οἱ λοιποὶ οἱ μὲν ἐς ἄλσος τι καταφυγόντες
περιεπρήσθησαν, οἱ δὲ ἐς τεῖχός τι ἐσπηδήσαντες ἐξηρέθησαν.
ἄλλοι ἐς τὸν Ἴστρον ἐμπεσόντες, ἄλλοι κατὰ τὴν χώραν σκεδα-
σθέντες ἐφθάρησαν. περιλειφθέντων δ᾽ οὖν καὶ ὥς τινων καὶ
χωρίον ἰσχυρὸν καταλαβόντων, ἡμέρας μέν τινας μάτην σφίσιν ὁ
Κράσσος προσήδρευσεν, ἔπειτα Ῥώλου οἱ Γετῶν τινων βασιλέως
ἐπικουρήσαντος ἐξεῖλεν αὐτούς. καὶ ὅ τε Ῥώλης πρὸς τὸν Καίσαρα
ἐλθὼν φίλος τε ἐπὶ τούτῳ καὶ σύμμαχος αὐτοῦ ἐνομίσθη καὶ οἱ
αἰχμάλωτοι τοῖς στρατιώταις διεδόθησαν. Krassus unterwirft darauf die Myser und zieht im Winter durch Thrakien zurück, wobei ihn die Thraker sehr belästigen. ἐπεὶ[1]) δὲ οἱ Βασταρναι
ταῖς τε συμφοραῖς ἀχθόμενοι καὶ μηκέτ᾽ αὐτὸν ἐπιστρατεύσειν
σφίσιν πυθόμενοι, πρός τε τοὺς Δενθελήτας καὶ πρὸς τὸν Σιτᾶν
αὖθις ὡς καὶ αἰτιώτατον αὐτοῖς τῶν κακῶν γεγονότα ἐτράποντο,
οὕτω καὶ ἄκων ἐξανέστη καὶ σπουδῇ χωρήσας ἀνέλπιστός τε
αὐτοῖς ἐπέπεσε καὶ κρατήσας σπονδὰς ὁποίας ἠθέλησεν ἔδωκεν.
Krassus bestraft nun die thrakischen Völkerschaften, Maeder[2])
und Serder im Westen und Norden der Dentheleten und noch
andere thrakische Stämme. Dann besiegt er die dakischen Feinde
des Roles und andere Geten, unter diesen den Stamm des Zyraxes,
dessen Hauptfeste Genukla er erobert, ohne darin die angeblich

1) Dio 51, 25, 3.
2) Müllenhoff, D. A. K. III, 153.

vorhandenen Feldzeichen des Antonius zu finden, welche die Bastarner bei Istros erobert hatten. Allerdings kann das Fehlen derselben durch den Umstand erklärt werden, dass Zyraxes mit seinen Schätzen zu den „Skythen", wahrscheinlich den Bastarnern, geflohen war. Hier machte Antonius jedenfalls halt, die Donau wurde seine Grenze.[1])

Was nun zunächst den Weg anbetrifft, den die Bastarner bei diesem Zusammentreffen gekommen sind, so ist festzustellen, dass es genau derselbe ist, den sie in den Jahren 182 und 168 gekommen waren. Denn die Triballer wohnten am Südufer der Donau zwischen Oescus und Ciabrus. Nach Überschreitung des Haemus machen die Bastarner mit den hier wohnenden Serdern gemeinsame Sache, umgehen das Dunaxgebirge und belästigen die Dentheleten im oberen Strymonthal. Bei Krassus' Anrücken gehen sie über den Haemus zurück und nehmen am Ciabrus Stellung. Krassus hat zunächst mit den Mysern zu thun, deren Gebiet er verwüstet und deren Hauptstadt er erobert. Diese „Myser" können nur die keltischen Triballer sein. Die nun folgende Besiegung der Bastarner muss dicht am Einfluss des Ciabrus in die Donau stattgefunden haben, weil ein Teil der fliehenden Bastarner sich in die Donau stürzt. Der feste Platz, den nun einige Bastarner besetzen, kann dann das spätere Cibras gewesen sein. Der bei dessen Eroberung die Hauptrolle spielende Getenhäuptling Roles ist wohl sicher mit dem oben genannten Oroles identisch, der auf das Ehrgefühl seiner Leute in so origineller Weise zu wirken verstand. Als Krassus nun im Winter zurückgegangen ist, kommen die Bastarner im Frühjahr 28 v. Ch. wieder zum Vorschein und können die Dentheleten aufs neue belästigen. Die ihnen im Vorjahre beigebrachte Niederlage wird also nicht gerade vernichtend gewesen sein. Der in Eilmärschen herannahende Krassus besiegt nun die Bastarner nochmals und diktiert ihnen den Frieden, dessen Bedingungen wahrscheinlich eine Überschreitung der Donau für die Zukunft verboten.[2]) Es wird aber nicht angehen, zu glauben, dass sich auf Grund dieses Friedens auf dem rechten Donauufer zur Zeit keine bastarnischen Volksteile befanden, denn diese am Ciabrus geschlagenen Bastarner werden

1) Monument. Ancyran. 30/31.
2) Schiller, Gesch. d. röm. Kaiserzeit I, 234.

schwerlich mit jenen identisch sein, welche 30 Jahre früher Istros eroberten. Die Vermutung, dass diese Bastarner sich zur Zeit nicht mehr in ihren eroberten Sitzen befanden, kann sich lediglich auf eine Identifikation der bei Justin 32, 3, 16 genannten Volksgenossen mit denjenigen, welche Dio 38, 10 nennt, stützen. Denn man darf Zippels Vermutung [1]) zustimmen, dass die Bastarner, die den Oroles besiegt hatten, inzwischen von Burvista unterworfen wurden, und man darf vielleicht sogar die Erzählung von den in Genukla aufbewahrten Feldzeichen als Stütze für diese Behauptung verwenden, obwohl Dio nicht die volle Verantwortung für seine dahin zielende Nachricht auf sich nehmen will.[2]) Damit lässt sich allerdings der Umstand, dass Octavian von Siscia aus gegen die Bastarner den Krieg zu führen gedenkt, nicht recht vereinigen, denn man sollte meinen, dass der Kaiser hier in erster Linie die westlichen Teile dieser Germanen im Auge hat. Eine Klarheit in dieser Frage gestattet uns unsere Überlieferung nicht, aus dieser steht aber zweierlei fest: die Grenze des römischen Einflusses wird bis zur Donau vorgeschoben, aber von einer Unterwerfung der Bastarner ist nicht die Rede. Eine solche lässt sich auch nicht aus der verstümmelten Inschrift herauslesen, welche man in das 16. Jahr vor Christi Geburt verlegt, und aus der sich mit Sicherheit nur auf einen Feldzug der Römer gegen die Bastarner und die nichtgermanischen Stämme der Cotinen und Anartier schliessen lässt.[3]) Sämtliche weiteren Vermutungen über diese Inschrift schweben heutzutage noch völlig in der Luft und können erst in die Untersuchung gezogen werden, wenn weiteres Material über dieses Ereignis gefunden ist.[4]) Auch im monumentum Ancyranum ist keine Rede von einer Unterwerfung der Bastarner, vielmehr drückt sich Augustus sehr vorsichtig aus, wenn er sagt[5]): nostram amicitiam petierunt per legatos Bastarnae Scy-

---

1) a. a. O. S. 217/18.

2) Dio 51, 27 § 2.

3) Der Schauplatz dieser Kämpfe war von der Festung Siscia nicht allzu entfernt, so dass die Annahme möglich ist, Octavian habe diese Bastarner im Auge gehabt, als er Siscia zum Schutze gegen Daker und Bastarner gründete. Allerdings besteht zwischen beiden Angaben ein Zeitunterschied von circa 20 Jahren.

4) Die Litteratur hierüber bei v. Premerstein in den Jahresheften des österr. Instituts I, Anhang Spalte 157; cf. Prosopogr. Rom. III, p. 495.

5) CIL III, p. 796.

thaeque et Sarmatarum, qui sunt citra fluvium Tanaïm et ultra reges.

Bei Florus[1]), der allerdings in seinem bellum Moesicum nur Moeser kennt, aber die von Dio 51 geschilderten Ereignisse im Auge hat, finden wir von diesen „Moesern" folgende Schilderung: illi statim ante aciem immolato equo concepere votum, ut caesorum extis ducum et litarent et vescerentur.

Wenn man auch mit Rücksicht auf die Tendenz und den schwülstigen Stil des Florus derartige Worte wie: „Moesi, quam feri, quam truces fuerint, quam ipsorum etiam barbari barbarorum horribile dictu est", nicht für eine Deutung auf germanische Abstammung dieser Barbaren verwenden kann, so ist uns doch in der Opferung des Pferdes[2]) eine Kulthandlung berichtet, die den Germanen eigentümlich war und uns den Gedanken nahe legt, dass wir hier Germanen vor uns haben.

Zu weiteren Bemerkungen könnte der in dem Kriege des Krassus auftretende bastarnische Führername Deldon Anlass geben, wenn nicht gerade dieser Name ebensogut keltischen, wie germanischen Ursprungs sein könnte.[3]) Die Trunkenheit der Bastarner, welche Dio zu der Bemerkung veranlasst: $\dot{\alpha}\pi\lambda\dot{\eta}\sigma\tau\omega\varsigma$ $\tau\varepsilon$ $\gamma\dot{\alpha}\varrho$ $\dot{\varepsilon}\mu$-$\varphi o\varrho\varepsilon\tilde{\iota}\tau\alpha\iota$ $\pi\tilde{\alpha}\nu$ $\tau\dot{o}$ $\Sigma\varkappa\upsilon\vartheta\iota\varkappa\dot{o}\nu$ $\varphi\tilde{\upsilon}\lambda o\nu$ $o\check{\iota}\nu o\upsilon$[4]), ist ein Zug, der uns in der Überlieferung dieser Zeit, soweit mir bekannt ist, vorwiegend von Germanen in diesen Gegenden berichtet wird, und dieser Zug verbunden mit einer gewissen gutmütigen Vertrauensseligkeit, die im Verhalten der bastarnischen Gesandten und beim Friedensvertrage zu Tage tritt, zeigt, dass der Bastarner vom Stammescharakter seiner germanischen Brüder nicht abweicht. Übrigens war dieser bis ins Gebiet der Dentheleten vorgedrungene Zug eine zu Ansiedelungszwecken veranstaltete Wanderfahrt, denn die Bastarner führten Weiber und Kinder auf Karren mit sich, und schon deshalb scheint eine Identifizierung dieser Leute mit den Siegern von Istropolis ausgeschlossen.

---

1) Florus II, 26.

2) cf. Simrock, deutsche Mythologie 105—107. Grimm, Mythologie I, 41 sq.

3) Ein alam. Talto belegt in den tr. S. Gall. no. 52 und 769.

4) cf. Tacitus Germ. 22: diem noctemque continuare potando nulli probrum.

Furtwängler hat in den Intermezzi[1]) diese Ereignisse auf die Adamklissi-Bildwerke bezogen, und gerade dieses Vorkommen des carrago, wie der germanische Tross später oft genannt wird, war im Zusammenhang mit der an sich möglichen Beziehung von Dios Erzählung auf die Metopen zu verlockend für ihn, um neben dem Archäologen auch den Historiker zu hören. Furtwängler gegenüber sind die Gründe Benndorfs[2]) so zwingend, dass eine andere Beziehung des Adamklissi-Monuments als auf Trajans Kriege völlig ausgeschlossen erscheint. Deshalb wird diese Frage erst weiter unten besprochen.

V.

Die Sicherung der Donaulinie durch die Römer.

Die Landschaft bis zur Donau war also in römischen Besitz gekommen und es ist notwendig, wenigstens einen Blick auf die Organisation dieser neugewonnenen Gebiete zu werfen. Vorerst darf man allerdings von einer regelrechten Besitzergreifung nicht reden, zur Provinz wurde das Land zwischen Haemus und Donau erst nach dem Tode des Augustus gemacht, aber wohl kann man sagen, dass beim Tode des Augustus dieses Land den Römern unterworfen war. Man rechnete es zunächst zur Provinz Makedonien, schob aber römische Besatzungen erst über den Haemus, nachdem eine Reihe von Kämpfen mit den Einwohnern und Anwohnern stattgefunden hatten. So besiegte Lucius Katus (?)[3]) im Jahre 16 v. Ch. die Sauromaten, wahrscheinlich Roxolaner, die von jetzt ab durch ein halbes Jahrhundert hier die gefährlichsten Gegner sind, und siedelte 50000 Geten im Süden der Donau an. Im Jahre 15 v. Ch. folgte die Unterwerfung der Skordisker durch Tiberius, welche im Jahre 12 schon als Bundesgenossen der Römer auftreten. Zwischen den Jahren 15 und 12 sind dann vielleicht die Daker von Tiberius und Drusus besiegt worden, jedenfalls

---

1) Kunstgeschichtliche Studien. 1896. S. 64 sq.
2) Jahreshefte des österr. Instituts I, S. 122.
3) v. Premerstein, a. a. O. 156/7 sq.

weist ersterer im Jahre 10 einen Beutezug der Daker ab. Durch die Niederwerfung des Aufstandes des Vologaises, der vielleicht vom Norden der Donau her unterstützt wurde, wandelte sich das Land bis zur Donau mit Einschluss des thrakischen in einen Klientelstaat der Römer um, und ein konsularischer legatus pro praetore sicherte die römische Stellung, gestützt auf die legio IV Scythica und V Macedonica mit den unten noch zu erwähnenden Auxilien. Diese Streitkräfte werden dann in dem ersten nach-christlichen Decennium über den Balkan nach Norden vorge-schoben, ohne jedoch ihr Standlager schon am Donauufer zu er-halten. Sie haben vielmehr zunächst noch den Charakter vorge-schobener Posten zur Deckung der Gebirgspässe und ihr Zweck ist wesentlich die Sicherung des Hinterlandes, nicht so sehr die Romanisierung ihres Garnisonlandes.

Man rechnete damals noch die gesamte spätere provincia Moesia zu Illyricum mit Ausnahme der Küstenstriche am Pontus, welche zu Thrakien gezählt wurden. Nachdem ein abermaliger Einfall der Daker und Sarmaten im Jahre 6 p. Ch. die Römer zu energischen Abwehrmassregeln ernstlich aufgefordert hatte, entstand zwischen den Jahren 9 und 12 p. Ch. die Anlage der Verteidi-gungswerke am Südufer der Donau, die von nun an einen höchst wichtigen Faktor in den Beziehungen zwischen Römern und Bar-baren bilden sollten. Ein limes zog sich am ganzen Südufer der Donau entlang, beim heutigen Czernawoda verliess er die Donau, um mit geschickter Benutzung eines ehemaligen Donaubettes beim alten Tomi am Pontus zu endigen. Schuchhardt[1]) hat eine drei-fache Kette in diesem letzten Stück festgestellt. Der eine dieser Wälle ist von vornherein nicht als römische Befestigung zu be-trachten, da seine Front nach Süden gerichtet ist. Von den beiden anderen mit der Front nach Norden wird der eine jetzt, der andere unter Trajan erbaut worden sein. In diesem limes hat man keine Verteidigungslinie, sondern wie bei dem deutschen limes im wesent-lichen eine blosse Grenz- und Zollsperre zu sehen. Die zahl-reichen burgi dienten den Posten zur Wohnung und zur Ausschau und hatten lediglich den Zweck, eine etwa herannahende Plün-derungsschar schneller zu bemerken und leichter zu signalisieren.

1) A. E. M. Ö. 9, 87.
2) A. E. M. Ö. 13, 141.

Im Rücken des limes hat man sich dann die Truppenlager zu
denken, deren Insassen stets bereit sein mussten, schnell an bedrohten Punkten zur Hilfe zu erscheinen. Die Besatzungen dieser
praesidia bildeten die Auxiliartruppen[1]), hin und wieder auch ein
detachiertes Legionskommando. Die Legionen hielt man, in Moesien wenigstens, an den von den Barbaren besonders bevorzugten
Donauübergängen konzentriert, sie mussten auch zusammenge-
halten werden; denn hatten die Feinde einmal die Besatzung eines
praesidiums niedergemacht, so hatte man keine Zeit mehr mit der
Zusammenziehung der Legionstruppen zu verlieren.

Diese Einrichtung, in den letzten Jahren des Augustus ange-
bahnt, erhielt ihren Abschluss erst unter der Regierung seines
Nachfolgers, welcher durch Vorschiebung der Legionslager bis an
die Donau — es kommen als Standlager der Kerntruppen in erster
Linie Singidunum, Viminacium, Ratiaria und Oescus in Betracht
— und durch Schaffung eines einheitlichen Oberbefehls die Einrichtung des moesischen Landes als römische Provinz zustande
brachte. Die legio IV Scythica erhielt Ratiaria, die V Macedonica
Viminacium als Garnison, die Verbindung mit dem Hinterlande
wurde durch den Ausbau von Militärstrassen und durch regel-
rechte Postenketten, welche zugleich den Nachrichtendienst zu
vermitteln hatten, aufrecht erhalten.

VI.

Römer und Donaugermanen im Kampfe
bis auf Trajan.

Nun tritt unter Tiberius zum ersten Mal ein ostgermanisches
Volk neben den Bastarnern in den Gesichtskreis der antiken
Tradition, wenn auch zunächst nur vertreten durch einen Edeling
mit seinem Gefolge: „erat[2]) inter Gotones nobilis iuvenis nomine
Catualda, profugus olim vi Marobodui et tunc dubiis rebus eius

---

1) cf. Tacitus ann. II, 7. CIL III, S. no. 7452.
2) Tacitus annal. II, 62.

ultionem ausus. is valida manu fines Marcomanorum ingreditur corrup-
tisque primoribus ad societatem inrumpit regiam castellumque
iuxta situm. veteres illic Sueborum praedae et nostris e provinciis
lixae ac negotiatores reperti, quos ius commercii, dein cupido
augendi pecuniam, postremum oblivio patriae suis quemque ab
sedibus hostilem in agrum transtulerat." Marbod muss sich demzufolge an Tiberius wenden und wird in Ravenna interniert.[1]
„idem Catualdae casus neque aliud perfugium. pulsus hand multo
post Hermundurorum opibus et Vibilio duce receptusque, Forum
Julium, Narbonensis Galliae coloniam, mittitur. barbari utrumque
comitati, ne quietas provincias immixti turbarent, Danuvium ultra
inter flumina Marum et Cusum locantur[2]), dato rege Vannio gentis
Quadorum." Das Reich des Vannius bestand also zum Teil aus
dem gotischen Gefolge des Catualda; wir haben hier die ersten
Spuren des Gotennamens in den Donauländern.

In Mösien bedrohten Bastarner und „Skythen" auch unter
Tiberius die Grenze[3]), aber gefährlicher waren hier noch die
Roxolanen. Nur der staatsmännischen Klugheit dieses Kaisers,
der, als das thrakische Klientelkönigtum den Grenzschutz nicht
mehr zu verbürgen schien, an dessen Stelle einen Statthalter[4])
mit der Wahrung des Grenzschutzes beauftragte, ist es zuzuschreiben,
dass die Barbaren keine Einfälle wagten.

Zur Zeit Neros wurden die Bastarner in Kämpfe verwickelt,
es ist aber aus der Grabschrift[5]) des Statthalters von Moesien,
Ti. Plautius Silvanus Aelianus[6]), unserer einzigen Quelle, nicht
klar zu ersehen, gegen wen sie gekämpft haben. Die Inschrift[7])
giebt uns: legat(o) pr(o) praet(ore) Moesiae, in qua plura quam
centum mill(ia) ex numero Transdanuvianor(um) ad praestanda
tributa cum coniugib(us) ac liberis et principibus aut regibus suis
transduxit. Motum orientem Sarmatar(um) compressit, quamvis
parte magna exercitus ad expeditionem in Armeniam misisset.

---

1) Tacitus, a. a. O. II, 63.
2) cf. Plinius n. h. IV, 80/81.
3) Tacitus ann. II, 65.
4) v. Premerstein, a. a. O. 173.
5) CIL XIV, 3608.
6) Prosopogr. Lat. III, 47, no. 363.
7) cf. Mommsen R. G. V., 198.

Ignotos aut infensos p(opulo) R(omano) reges signa Romana ado-
raturos in ripam, quam tuebatur, perduxit. Regibus Bastarnarum
et Rhoxolanorum filios, Dacorum fratrum captos aut hostibus ereptos
remisit, ab aliquis eorum opsides accepit; per quem pacem pro-
vinciae et confirmavit et protulit [scilicet: fines provinciae], Scy-
tharum quoque regem a Cherronensi, quae est ultra Borustenen
obsidione summoto. Primus ex ea provincia magno tritici modo
annonam p(opuli) R(omani) adlevavit.

Wer die zuerst genannten 100000 Barbaren, die im Süden
der Donau in Moesien angesiedelt wurden, gewesen sind, entzieht
sich unserer Kenntnis.[1]) Man kann hier gleich bemerken, dass
weder v. Domaszewski[2]), noch Dessau in der Prosopographie[3]),
noch schliesslich St. Gsell[4]), welche alle diese Inschrift behandelt
haben, sich um die Nationalität der hier auftretenden Barbaren
gekümmert haben. Wenn v. Domaszewski bei der zweiten uns
hier entgegen tretenden Nachricht, der Unterdrückung des Sarma-
tenaufstandes, an die Ἰαζύγες μετανάσται zwischen Donau und
Theiss denkt, so lässt er ganz aus den Augen, dass die Inschrift
deutlich von Moesien redet, wie ja v. Domaszewski selbst am
Schluss die „provincia" auf Mösien deutet, dass also die hier in
Betracht kommenden Barbaren nicht westlich vom Eisernen Thor
aufgetreten sein können. Dieser Umstand muss aber mit Bestimmt-
heit im Auge behalten werden. Dagegen muss man v. Domaszewski
Recht geben, wenn er diese Niederwerfung der Sarmaten nach dem
Jahre 62 p. Ch. ansetzt, weil die legio V Macedonica erwiesener-
massen in diesem Jahre nach Syrien verlegt wurde. Die dritte
Nachricht der Inschrift, die besagt, dass unbekannte oder dem
römischem Volke verfeindete Könige zur Huldigung auf dem Südufer der Donau gezwungen wurden, kann sich zum Teil auf die
Führer der Sarmaten beziehen. Bei der vierten Nachricht habe
ich nach vergeblichen Versuchen, in den überlieferten Text einen
Sinn zu bringen, der einem korrekten Latein gerecht wird, die
von Dessau im Corpus vorgeschlagene Konjektur angenommen.

1) cf. St. Gsell, essai sur le règne de l'empereur Domitien. Paris 1893.
p. 204, A. 3.
2) Rhein. Museum 47, 209 sq.
3) III, 47, nr. 363.
4) a. a. O. p. 155, 202.

Danach lautet der verbesserte Text: regibus Bastarnarum et Roxolanorum filios, Dacorum fratres [1]), captos aut hostibus ereptos remisit; ab aliquis eorum opsides accepit. Jetzt stellt sich der Vorgang folgendermassen dar: die Söhne der Könige der Bastarner und Roxolaner und die Brüder der Dakerkönige sind von ungenannten Feinden gefangen worden. Die Römer haben einen Teil von ihnen diesen unbekannten Feinden entrissen (erepti) der andere Teil (capti) fällt nach Besiegung dieser nicht genannten Gegner durch den Friedensschluss in römische Hand, und beide, sowohl die erepti wie die capti, werden nun von den Römern ihren Verwandten zurückgegeben. Von einigen der genannten Völker — welchen, wird nicht gesagt; doch scheint es, dass man in Gedanken mehr als die drei genannten ergänzen soll — werden an die Römer Geiseln gestellt.

Jetzt stehen wir vor der Frage: Wer waren die unbekannten Feinde, welche Daker, Roxolanen und Bastarner besiegen konnten? Ein Volk, welches drei andere Völker, die nicht klein waren und sich zu wehren verstanden, besiegen konnte, muss zahlreich aufgetreten sein, deshalb können wir in den Fremden hier nicht einen der kleinen keltischen oder skythischen Stämme vermuten, welche am Nordwestrande des Pontus ihr Dasein mit Mühe gegen die grösseren Nationen behaupteten. Das Wahrscheinlichste ist, in diesen unbekannten und gefährlichen Feinden die Jazygen zu erblicken, welche im ersten nachchristlichen Jahrhundert nach Ungarn eindrangen und seitdem als μετανάσται bezeichnet werden. Sie wohnten ursprünglich im Nordosten des Schwarzen Meeres hinter den ihnen stammverwandten Roxolanen, aber schon zu Ovids und Strabos Zeit waren sie nach Westen weitergerückt, wenngleich sie immer noch am Schwarzen Meere genannt werden.[2]) Plinius kennt sie bereits in ihren Sitzen zwischen Theiss und Donau [3]) und ebenso Ptolemäus.[4]) Nun ist die Annahme, dass die Jazygen, ein bekanntes und als solches berühmtes Reitervolk, durch die Karpathen nach Ungarn eingedrungen seien, höchst unwahrschein-

---

1) Auch die Lesart „fratrem" ist ausgeschlossen, denn dann müsste „regi" hinzugefügt werden.

2) Ovid ex Ponto 1, 279; trist. II, 191; Strabo C. 306.

3) n. h. IV, 80.

4) III, 7,

lich, wir müssen vielmehr annehmen, dass diese Steppenreiter, solange es irgend ging, in der Ebene blieben, und in diesem Falle ging ihr Weg die Donau aufwärts. Nun würden alle sonstigen Umstände es wohl gestatten, diesen Einbruch der Jazygen um das Jahr 62 p. Ch. anzusetzen[1]), wenn nicht Tacitus[2]) um das Jahr 50 p. Ch. schon jazygische Reiter als Verbündete des Vannius nennen würde. Allein dieser Widerspruch ist nur ein scheinbarer; Tacitus schreibt: nam vis innumera, Lugii aliaeque gentes, adventabant, fama ditis regni, quod Vannius triginta per annos praedationibus et vectigalibus auxerat. ipsi manus propria pedites, eques e Sarmatis Jazugibus erat, impar multitudini hostium, eoque castellis sese defensare bellumque ducere statuerat. Zunächst ist hier gar nicht gesagt, dass diese Jazygen die Ebene zwischen Donau und Theiss bewohnt hätten, aber sämtliche Erklärer dieser Stelle[3]) haben dies als selbstverständlich angenommen. Nirgends ist bisher von Tacitus oder von einem anderen Schriftsteller berichtet worden von einer Sesshaftigkeit der Jazygen neben dem Quadenreiche. Ferner wird die Streitmacht des Vannius seinen Feinden gegenüber als „impar" bezeichnet. Wäre aber das Volk, welches Roxolanen, Bastarner und Daker besiegen konnte, schon nach Ungarn eingewandert, so wäre es dem Vannius ein Leichtes gegewesen, bei seinem Reichtum eine grössere Menge von Reitern zu erhalten und von einem „impar" wäre gar kein Rede. Oder soll man etwa in dem Vannius einen zweiten Perseus erblicken? Das hiesse doch die Unwahrscheinlichkeiten an den Haaren herbeiziehen! Und dann sollte man doch die Frage hineinziehen, durch welche Motive die Jazygen sich veranlasst finden, eine so weite Wanderung zu unternehmen. Tacitus spricht ausdrücklich davon, dass die „fama ditis regni" die Barbaren von weit und breit anlockte. Bekanntlich wirkt eine solche „fama" je weiter entfernt, desto lockender auf kindliche Völker; so ist es wohl denkbar, dass zuerst ein nicht zu starkes Reiterkorps den abenteuerlichen Zug wagte, ihn glücklich überstand und so durch seine Erfolge die Veranlassung wurde, dass der ganze Stamm sich in Bewegung setzte, um sich eine glücklichere Heimat zu erobern.

---

1) Im Jahre 69 sassen sie schon in Ungarn, St. Gsell, a. a. O. p. 203.
2) ann. 12, 29.
3) Z. B. Cuno, a. a. O. p. 333.

Jetzt natürlich, wo grössere Mengen die Donau hinaufdrängen, er-
geben sich Schwierigkeiten und Kämpfe. Und die Nachricht dieser
Kämpfe mit Roxolanen, Bastarnern und Dakern hat sich, so darf
man vermuten, in unserer Inschrift erhalten. Trotzdem nun Silvanus diese Jazygen hat besiegen und ihnen die gefangenen
Edelinge der Roxolanen, Bastarner und Daker hat abnehmen können,
ist diesen ihre Wanderung geglückt, denn wenige Jahre darauf
kann man sie als ein Volk in Ungarn mit Sicherheit nachweisen.

Die von Tacitus an der eben besprochenen Stelle eingeführten
Lugier sind wahrscheinlich Wandalen gewesen: man denkt wenigstens zunächst an diese als die Nächstwohnenden. Sie haben zusammen mit den Hermunduren das Reich des Vannius gestürzt,
wie Tacitus im folgenden Kapitel ausführt.[1] Von ihnen und den
Jazygen ist nachher in diesem Zusammenhang jede Spur verloren.

Die folgende Nachricht unserer Inschrift, dass Silvanus die
Grenzen der Provinz Moesien erweitert habe, bezieht man wohl
mit v. Sallet[2] und v. Domaszewski[3] auf die Suspendierung des
bosporanischen Klientelstaates. Damit wären dann auch die griechischen Kolonien am Pontus, soweit sie noch nicht zur ripa
Thraciae zählten, unter Roms Schutzherrschaft gestellt worden.
Jedoch bleibt dieser Besitz ein unsicherer; nur kräftige Kaiser
konnten ihn aufrecht erhalten und nur zu bald musste hier an der
äussersten Grenze ein Überwiegen lokaler Herrschaftsgelüste sich
wieder geltend machen.[4]

Silvanus hatte bei seinen Feldzügen ausser mit den hier in
Moesien ausserordentlich zahlreich vorhandenen Auxilien mit der
legio VIII Augusta zu operieren[5]), welche seit dem Jahre 46 in
der Provinz stand. Im Jahre 66 trat dann an die Stelle der so-
eben nach Syrien detachierten legio V Macedonica die legio VII
Claudia, so dass die Besatzung der Provinz wieder zwei Legionen
betrug. Denn die legio IV Scythia war bereits im Jahre 43 in
Germanien und kam 58 nach Syrien, um die Scythengrenze nie
wieder zu sehen.

---

1) a. a. O. cap. 30.
2) Zeitschrift f. Numismatik IV, 304.
3) cf. CIP II, p. 45.
4) So schon wieder im Jahre 84, Eckhel II, 377.
5) CIL II, 3372.

Den Roxolaneneinfall[1]) des Jahres 69 kann ich hier übergehen, um noch einen Blick auf die Truppendislokationen in Moesien bis auf Domitian zu werfen.

Schon Vespasian hatte die Donauflotte reorganisiert, wie der Beiname Flavia der classis Pannonica sowohl wie der classis Moesica zeigt[2]), eine dritte Flotte[3]) schützte jetzt auf der See die Küsten des Pontus Euxinus. Unter Domitian trat die Teilung Moesiens ein in eine provincia superior und inferior. Nach der oberen Provinz kam die legio IV Flavia mit dem Hauptquartier zu Singidunum und die seit 66 schon anwesende legio VII Claudia zu Viminacium. Als Auxilien, von denen in dieser Provinz sehr wenig nachgewiesen sind, weil diese Truppen sofort nach der Eroberung Dakiens dorthin vorgeschoben wurden, können wir die im Jahre 110 bereits in Dakien stationierte cohors I Flavia Ulpia Hispanorum miliaria civium Romanorum für Moesia superior in Anspruch nehmen[4]), das Diplom des Jahres 93 nennt die Truppe cohors I Flavia Hispanorum miliaria.[5]) Die Truppe braucht nicht von einem flavischen Kaiser geschaffen zu sein, wie die Zusätze von Gentilnamen der Herrscher zu schon lang bestehenden Truppen zeigen. Domitian hat dann die im Jahre 74 noch in Germanien stationierte ala Claudia nova[6]) gleich der coh. III Gallorum und der coh. V Hispanorum in das von Decebalus bedrohte Moesien gelegt, wie das Diplom vom 19. September 82 beweist.

Die provincia Moesia inferior erhielt bei ihrer Begründung die seit 69 im Lande anwesende legio I Italica zu Novae und die seit dem Jahre 71 zurückgekehrte legio V Macedonica zu Troesmis zugewiesen. Den flavischen Namen führen ausserdem die folgenden in den Jahren 100 und 105 für Moesia inferior nachgewiesenen Auxilien: die ala I Vespasiana Dardanorum[7]), die ala Gallorum Flaviana[8]), die ala I Flavia Gaetulorum[9]), die coh. II Flavia Britto-

---

1) Tacitus hist. I, 79.
2) CIL III, 858.
3) Tacitus hist. II, 83.
4) CIL III, p. 868, nr. 1627.
5) Jahreshefte d. österr. Inst. I, S. 170 sq.
6) eph. epigr. IV, 496.
7) CIL III, p. 863.
8) A. E. M. Ö. II, 25.
9) CIL III, p. 863.

num equitata [1]), die coh. I Flaviạ Bessorum [2]), die cohors Flavia Commagenorum.[3]) Eine ausführliche Aufzählung der römischen Streitkräfte in Moesien und Dakien ist im zweiten Anhang gegeben.

Es sollte jetzt eine Besprechung des bellum Suebicum et Sarmaticum folgen, welches nach Dio-Xiphilinus in Moesien stattfand.[4]) Soweit mir bekannt, hat nur Pfitzner [5]) diesen Irrtum des Xiphilinus beibehalten, obwohl ihm Mommsens Aufdeckung des Irrtums [6]) hätte bekannt sein sollen. Es ist ganz undenkbar, dass in Moesien Sueben und Lugier zusammenstossen konnten. Wahrscheinlich hat Dio von einem an der Donau geführten Kriege berichtet, und der byzantinische Excerptor dachte dabei an die ihm zunächst liegende Landschaft der unteren Donau. Die Lugier, welche gegen die Sueben von Domitian nur ein Hülfskorps von 100 Reitern erhielten, sind die vom Riesengebirge bis in die Gegend des heutigen Krakau ausgebreiteten Wandalenstämme. Leider wissen wir ausser dem, was Dio uns hier bietet, gar nichts weiter von ihren sonstigen Beziehungen zu Domitian [7]), so dass eine eingehendere Besprechung dieses Krieges aus dem Rahmen unserer Betrachtung herausfallen würde.

VII.

Trajan und die Donaugermanen.

Seitdem Tocilesco im Jahre 1895 das sogenannte Adamklissi-Monument im Verein mit Benndorf und Niemann ediert hat, stellte Furtwängler [8]), fussend auf der Untersuchung von Petersen in den

---

1) ebendort.

2) a. 205; ebendort p. 865.

3) ebendort.

4) Dio 67, 5: ὅτι ἐν τῇ Μυσίᾳ Λύγιοι Σονήβοις τισὶν πολεμωθέντες κ. τ. λ.

5) Geschichte der römischen Kaiserlegionen S. 75 sq.

6) Hermes 3, 115; cf. St. Gsell, a. a. O. p. 224 u. 227 sq.

7) Die Ausführungen des Jordanes' im XIII. cap. der Getica (76, 77, 78) beziehen sich auf die Daker; cf. Schiller, Gesch. d. röm. Kaiserzeit I, 530, A. 1.

8) Intermezzi, kunsthistorische Studien 64 sq.

Mitteilungen des römischen Instituts[1]), die These auf, das Monument sei anlässlich des oben geschilderten Feldzuges des Krassus im Jahre 29 v. Ch. errichtet worden, und ein grosser Teil der hier abgebildeten Barbaren gehöre dem Stamme der Bastarner an. Nun ist nach den überzeugenden Ausführungen Benndorfs in den Jahresheften des österreichischen archäologischen Instituts[2]) kein Zweifel mehr darüber möglich, dass die hier geschilderten Ereignisse sich nicht auf den Feldzug des Krassus beziehen können, und deshalb hat Cichorius[3]) versucht, die Entstehung der Barbarentypen des Monumentes dem Feldzuge Konstantins in den Jahren 315—17 zuzuweisen. Auch diese These ist unhaltbar, das Monument muss vielmehr Trajan unbedingt zugewiesen werden.

Eine mehrfache sorgfältige Vergleichung der jüngst von Cichorius neu herausgegebenen Trajanssäule und der prächtigen Neuausgabe der Marcussäule mit dem Adamklissi-Monument hat es mir sehr wahrscheinlich gemacht, dass allerdings Germanen in einem Teil der Adamklissi-Barbaren zu erkennen sind, und dass demzufolge die Bastarner — ein anderer germanischer Stamm kann hier gar nicht in Betracht kommen — gegen Trajan in der Dobrutscha gekämpft haben.

Sehen wir uns zunächst um, ob unsere Tradition uns Anhaltepunkte für diese Ansicht gewährt.

Dio schreibt[4]): ἐπεὶ δὲ ὁ Δεκέβαλος πολλὰ παρὰ τὰς συνθήκας ἀπηγγέλλετο αὐτῷ ποιῶν, καὶ ὅπλα κατεσκευάζετο καὶ τοὺς αὐτομολοῦντας ἐδέχετο, τά τε ἐρύματα ἐπεσκεύαζε, παρά τε τοὺς ἀστυγείτονας ἐπρεσβεύετο, καὶ τοὺς τἀναντία οἱ φρονήσασι πρότερον ἐλυμαίνετο, καὶ τῶν Ἰαζύγων καὶ χώραν τινὰ ἀπετέμετο, ἣν μετὰ ταῦτα ἀπαιτήσασιν αὐτοῖς Τραϊανὸς οὐκ ἀπέδωκεν, οὕτω δὴ καὶ αὖθις πολέμιον αὐτὸν ἡ βουλὴ ἐψηφίσατο, καὶ ὁ Τραϊανὸς δι᾽ ἑαυτοῦ καὶ αὖθις ἀλλ᾽ οὐ δι᾽ ἑτέρων στρατηγῶν τὸν πρὸς ἐκεῖνον πόλεμον ἐποιήσατο.

Von den hier in Betracht kommenden Nachbarvölkern müssen

---

1) XI, 302.
2) I, 122 sq.
3) Phil. histor. Beiträge, Curt Wachsmuth gewidmet. 1897. S. 1 sq.; cf. Tocilesco in den Verhandlg. des 43. (Kölner) Philologentages von 1895, S. 193 sq.; cf. A. E. M Ö. XV, 18.
4) 68, 10, 3.

also die Jazygen in Ungarn fortbleiben, denn Decebalus verfeindet sich ja mit ihnen. Es bleiben also von nennenswerten Stämmen die Bastarner und Roxolanen übrig. Von diesen finden sich die letzteren unzweifelhaft auf der Trajanssäule.[1]) Sie waren im Winter 101 auf 102 in die Dobrutscha eingefallen und hatten als schnelle Reiter sich über die niedermoesische Ebene ausgebreitet. Darauf rückte Trajan heran[2]), mit frischen, aus Italien eingetroffenen Truppen war er bis Dobretae die Flüsse hinabgefahren und an der Spitze seiner schnellsten Hülfstruppen schlug er die Roxolanen bei der von diesem Siege benannten Stadt Nikopolis.[3]) Aurelius Victor überliefert auch den Namen des Roxolanenführers, Sardonius.[4])

Die Roxolanen also hatten einen Einfall gemacht; die Bastarner sollten zu Hause geblieben sein? Die Roxolanen waren ein schnelles Reitervolk; daraus erklärt es sich, dass sie bis an die Stelle der späteren „Siegesstadt“ gekommen waren, als Trajan auf sie traf. Die bastarnischen Fusstruppen konnten nicht so schnell vorrücken, sie mussten — ihre Beteiligung vorausgesetzt — noch weiter zurück sein.

Das Monument von Adamklissi verherrlicht unzweifelhaft einen Sieg Trajans. Es muss dahingestellt bleiben, ob das achtunddreissigste Bild der Trajanssäule denselben oder, wie Cichorius will, nur einen analogen Vorgang darstellt. Jedenfalls ist doch eines sehr natürlich, dass nämlich Trajan noch im selben Jahre wo er die Roxolanen schlug, die hinter diesen, aber als Fusstruppen langsamer folgenden Barbaren bei Adamklissi vernichtete. Und dann hat er, wie dort Nikopolis, so hier das Tropaeum nach dem Kriege erbaut, und aus dieser Erbauung des Denkmals, zu dessen Herstellung viele Menschen längere Zeit thätig gewesen sein müssen, erwuchs als notwendige Begleiterscheinung die schon für die Jahre 115 und 116 bezeugte Niederlassung der Traianenses Tropaeenses.[5]) Nun ist bei Adamklissi ein Militärdiplom vom 1. September 114 zu Tage getreten, welches von 3 Alen und

---

1) Cichorius, Bild XXXI, Textb. II, S. 150 sq.
2) Cichorius, Bild XXXIII—XXXVI.
3) Cichorius, Bild XXXVII; Jordanes, Get. 18.
4) Caes. ed. Pichlmayr XIII und p. 15, 4.
5) A. E. M. Ö. 17, 106, nr. 51.

7 Cohorten je 2, respektive 5 nennt.[1]) Es sind dies die auch sonst in Moesia inferior nachgewiesenen Truppen, die ala I Vespasiana Dardanorum, die ala I Flavia Gaetulorum, die coh. I Lepidiana, die coh. I Bracaraugustanorum, die coh. II Lucensium, die coh. II, III, VII Gallorum. Vielleicht waren diese Truppen beim Kampfe, wahrscheinlich beim Bau beteiligt, und auch die Zeitbestimmnng der Inschrift des Tropaeums — 109 p. Ch. — würde damit übereinstimmen.

Ist es also sehr wahrscheinlich, dass sich Trajans Sieg beim heutigen Adamklissi an die Niederwerfung der Sarmaten bei Nikopolis anschloss[2]), so können wir jetzt der Frage näher treten, ob hier auch Germanen auf dem Tropaeum abgebildet waren.

Die Kriterien, nach denen man bisher bei antiken Skulpturen auf Germanen zu schliessen pflegte, sind folgende: Die Gestalten sind kräftig, gross und meist bärtig, die Nase verhältnismässig lang und gerade, die Kleidung lässt im Kampfe den Oberkörper frei, während sonst zu der Hose mit oder ohne Schuhe noch ein Mantel getragen wird. Die Schutzwaffen bestehen mit Freilassung des Hauptes nur aus dem Schild, während als Angriffswaffen neben der Keule oder dem Schwert der germanische Speer, die sogenannte framea, Verwendung findet.

Mag nun auch Cichorius, wie er a. a. O. S. 177 andeutet, andere Anschauungen und wohl besser gesagt Ergänzungen hierfür gefunden haben, so liegen diese einerseits bis jetzt noch nicht vor, da der systematische Teil seiner Arbeit noch nicht erschienen ist, anderseits wird er das Typische des germanischen Charakters nicht umstossen, wie z. B. seine dahin zielende Äusserung auf S. 178 vermuten lässt. Demnach nehme ich keinen Anstand, auf Grund eigener Vergleichung Furtwängler zuzustimmen, wenn er drei verschiedene Barbarentypen auf dem Monument unterscheidet.

---

1) CIL III (3) p. 1974.

2) Die Deutung der Bilderreihe der Trajanssäule, wie sie die Adamklissipublikation (Adamklissi 110) will, ist abzulehnen. Die Figur 127 der Publikation habe ich wohl mit ihrem Kommentar in Erwägung gezogen, aber schon der Umstand, dass nicht 3, sondern 2 Wälle zur Zeit in Betracht kommen, und dass man in diesen keine Befestigungen zur Verteidigung zu erblicken hat, spricht für die Ablehnung dieser These. cf. dazu Cichorius, a. a. O., ebenso Furtwängler, a. a. O. Neuerdings hält Benndorf an seiner „Seereise Trajans" fest; A. E. M. Ö 19, 194.

Man kann sie bezeichnen als cappati, comati und nodati, je nach der Kopftracht. Ferner glaube ich, dass man bei Bildern wie nr. 119 und 120 keinenfalls geschorenes Haar annehmen kann, sondern dass in allen diesen Fällen, wie z. B. Figur 57, 70 etc. eine Kappe das Haupt bedeckt. Das erhellt aus einem Vergleich mit der Darstellung der Römerköpfe — z. B. Figur 75, 76, 86 bis 88 —, wo die Haare deutlich abgebildet sind. Wenn sich jemand auch den Kopf ganz kahlscheren lässt, so kann nicht ein so deutlicher Rand wie bei den als Kappenträger bezeichneten Leuten durchgängig entstehen. Nun finden wir als dakische Typen auf der Trajanssäule die comati, die auch hier nachgewiesen sind, und in ihrem übrigen habitus gleichfalls denen der Säule entsprechen. Unentschieden bleibt, welchem Volk die cappati zuzuweisen sind; Germanen sind es nicht, dagegen spricht das plattgedrückte Gesicht und die vollkommen ungermanische Kleidung.[1]) Die nodati sind die Bastarner. Sie erscheinen in Hosen und mit nacktem Oberkörper in Figur 65 (der sitzende), 68 (der liegende), 77, 95, 15, 114 und 115: bei den drei letzten mit kragenartigem Überwurf. Der letztere ist etwas völlig Singuläres und wird meines Wissens nach nirgends sonst gefunden. Er kann nicht gegen das Germanentum dieser Barbaren sprechen, dann müsste er erst bei Nichtgermanen nachgewiesen sein, und anderseits wäre es doch möglich, dass die Bastarner, wie sie sich in anderen Kleinigkeiten von den übrigen Germanen unterscheiden, so auch hierin eine Ausnahme machen. Das vornehmste Kriterium für das Germanentum dieser Barbaren bildet der nodus. Tacitus schreibt im 38. Kapitel der Germania:

insigne gentis obliquare crinem nodoque substringere. sic Suebi a ceteris Germanis sic Sueborum ingenui a servis separantur. in aliis gentibus seu cognatione aliqua Sueborum, seu, quod saepe accidit, imitatione rarum et intra iuventae spatium. apud Suebos usque ad canitiem, horrentem capillum retro sequuntur; ac saepe in ipso solo vertice religatur; principes et ornatiorem habent.

Hermann Fischer hat nachgewiesen[2]), dass diese Stelle des Tacitus den nodus wenigstens bei jungen Leuten als einen seitlichen

---

1) cf. besonders Fig. 119 u. 120.
2) Philologus 50, 379.

voraussetzt, und zwar, wie die Trajanssäule[1]) zeigt, einen rechts-
seitigen. Diesen haben wir hier und demnach wäre es möglich,
dass die Bastarner suebischen Stammes gewesen sind. Diese Vermutung wird wesentlich gestützt durch die Ausführungen Petersens
in der neuen Prachtausgabe der Marcus-Säule[2]), beweisbar erscheint sie mir bisher nicht. Aber mögen sie auch keine Sueben
gewesen sein, zweierlei ist als gesichert zu betrachten: die hier
gemeinten Barbaren sind Germanen, und diese haben gegen Trajan
bei Adamklissi gekämpft.

Hier wäre noch zu erwähnen, dass der im Jahre 98 als römischer Soldat genannte L. Valerius Basterna[3]) gegen ein feind-
liches Zusammentreffen zwischen Römern und Bastarnern nicht
sprechen kann, denn einzelne Leute der Germanen, ja oft grössere
Trupps, haben stets da gefochten, wo sie guten Sold verdienten,
häufig gegen ihre eigenen Volksgenossen.

Unerklärt bleibt bei dem Adamklissibauwerk immer noch die
Frage, weshalb diese Episode des dakischen Krieges, deren Darstellung auf der Trajanssäule nicht sicher nachgewiesen ist, in
einem besonderen Monument, und weshalb sie mit so schlecht
ausgeführten Skulpturen dargestellt wurde. Die erstere Frage
würde schon eine Erklärung durch die Eitelkeit Trajans finden,
mit der er bestrebt war, seinen Namen durch mannigfache Bauten
und Städtegründungen unsterblich zu machen, aber sie wird noch
besser beantwortet durch die dem Monument innewohnende lokale
Bedeutung. Wir sehen hier eine aus dem eigentlichen Feldzugs-
plan herausfallende siegreiche Expedition auch durch ein beson-
deres Denkmal verherrlicht, und dieses Monument hat einen
doppelten praktischen Zweck zu erfüllen: einmal soll es etwa
hereinbrechende Barbaren durch ein „exemplum docet" nachdrück-
lich schrecken und zweitens den Mut, die Vaterlandsliebe und das
Selbstbewusstsein der in dieser ödesten und entferntesten Gegend
des römischen Reiches angesiedelten Bewohner und der dort
stationierten römischen Truppen heben, stärken und erhalten. Und
diese lokale Bedeutung des Monuments wird auch die künstlerisch
minderwertige Ausführung seiner Skulpturen erklären. Man über-

---

1) Cichorius, Tafel 21, nr. 68.
2) S. 36—51.
3) CIL III, p. 862 = Desjardins nr. 185.

liess diese den Kräften, die in der Provinz zu haben waren, besonders da die besseren Meister von Trajan ja anderweitig in
Anspruch genommen wurden und man für dieses entfernte Denkmal wohl auch nur so viel Geld aufwenden wollte, als zur Erfül-
lung seiner Bestimmung nötig war. Diese Bestimmung war aber,
zu imponieren, und das dazu Nötige hat man nicht gespart; dagegen hat man für Kunstkenner, die in der Dobrutscha doch wohl
nur dünn gesät waren, nicht gearbeitet. Aus allem leuchtet der
praktische Sinn des Römers, ein Grieche hätte wahrscheinlich
anders gebaut.

Trajan ist dann auch derjenige gewesen, der für eine ener-
gische Grenzwehr in den beiden Moesien und in Dakien sorgte.
Von dem limes war schon die Rede. Es ist wahrscheinlich, dass
Trajan, nachdem der vor dem Adamklissi-Monument sich hin-
ziehende limes, der nur aus einer römischen neben einer jetzt schon
verfallenen vorrömischen Linie bestand, überrannt worden war,
jetzt die dritte und festeste der drei limes-Reihen errichtete. Ja,
man ging noch weiter, indem man einen zweiten Grenzwall bis
nach dem heutigen Bessarabien vorschob, wo er zwischen Pruth
und Donau eine Überschreitung der Donaumündungen verhindern
sollte.[1] Die Einrichtung dieser äussersten Grenzsperre wich —
soweit wir bisher wissen — von der des Donau-limes nicht ab.
Die Truppen waren so verteilt[2], dass in jeder moesischen Provinz
und ebenso in Dakien je zwei Legionen standen. In den beiden
Moesien treten dazu die beiden Abteilungen der Donauflotte, von
deren Eingreifen aber nur in den dakischen Kriegen Trajans und
im Markomannenkrieg etwas bekannt ist. Was die Auxiliartruppen,
denen die Bewachung der Grenze in erster Linie zufiel, betrifft, so
lässt sich über ihre Stärke zu bestimmten Zeiten eine zuverlässige
Angabe nicht machen, weil die Auxilien häufig verlegt wurden
und uns derartige Massregeln nur in wenigen Fällen überliefert
sind. Für die Zeit Trajans lässt sich feststellen, dass dieser, wie
er die Grenze von Moesia superior nach Dakien verlegte, so auch
die Auxilien aus der ersteren Provinz fast ganz wegzog, um sie
in die letztere zu verlegen. Wir haben dann in Dakien dicht

1) Jung, die romanischen Provinzen, S. 346 sq.
2) Vergl. den zweiten Anhang über die Verteilung der Truppen in Dakien
und Moesien.

hinter der Landesgrenze eine halbkreisförmige Reihe von Auxiliar-
lagern, während die Legionen im Centrum der Provinz standen,
um zu jeder Zeit an bedrohten Stellen Hülfe bringen zu können.
In Dacia Maluensis und in Moesia inferior zogen sich die Auxilien-
kastelle hinter dem Aluta- respektive dem Donau-limes entlang,
die Legionen standen in Troesmis und Durostorum, beziehungs-
weise Novae. In Moesia inferior zählt man seit Trajan ungefähr 7 Alen, 16 Cohorten, in Moesia superior 1 Ale, 8 Cohorten.
in Dacia Maluensis 2 Alen, 8 Cohorten und 2 numeri, im übrigen
Dakien 11 Alen und 27 Cohorten. Diese Zahlen mögen einen
Anhalt geben, wie und wo die römische Grenze bedroht war, eine
absolute Sicherheit liegt ihnen, wie gesagt, nicht zu Grunde.

VIII.

Die Beteiligung der Ostgermanen am Markomannenkriege.

Trajans Nachfolger, Hadrian, hatte mit den östlichen Germanen
nicht zu kämpfen, sondern nur mit Roxolanen und Jazygen.[1]
Troesmis, Tyra und Olbia waren unter ihm die vorgeschobensten
Posten im Barbarenland[2], und er war wachsam gegen die barbarischen Anwohner des Pontus Euxinus.[3] Antoninus Pius ver-
nachlässigte derartige Bestrebungen; die Folge war der unter
Marc Aurel ausbrechende Markomannenkrieg.

Dass dieser Krieg einer grossen Völkerschiebung seinen Ursprung verdankt, wird von den Quellen behauptet und von der
Forschung zugegeben. Es ist unzweifelhaft, dass unter den Völkern, welche die Markomannen und Quaden nach Süden drängten,
die Ostgermanen das Hauptkontingent stellten[4], ob aber diese
wiederum von den Slawen gedrängt wurden, oder ob eigene Übervölkerung oder der lockende Süden, den man infolge eines ziem-

---

1) vita 5, 2; 6, 6, 8; Hieronym. A. 2136.
2) CIL III, 783.
3) Arrian περίπλους 3, 1; 9, 3—5; 10, 3; 1, 4; 2, 4; 17, 3; 10, 1.
4) vita Marci 14; Petrus Patricius fragm. 6.

lich lebhaften Handels sich wohl noch viel ertragreicher dachte, sie zur Südwanderung veranlasst haben, bleibt im Dunkel. Es lässt sich auch nicht kontrollieren, ob die Südwanderung speziell der Wandalen, wie Dexippus[1]) angiebt, ein Jahr gedauert habe. Jedenfalls müssen wir die Zeit des Markomannenkrieges für den Beginn der Bewegung ansetzen, welche in ihrem Verlauf die gotischen Völker an den Pontus, die Lugier nach Ungarn brachte. Was Jordanes von diesen Wanderungen berichtet, ist sehr vorsichtig aufzunehmen, mit Sicherheit kann aus ihm nur ein Aufenthalt der Goten im heutigen Wolynien festgehalten werden[2]) und die Nachricht[3]): iam velut victores ad extremam Scythiae partem, quae Ponto mari vicina est, properant. quemadmodum et in priscis eorum carminibus pene storicu ritu in commune recolitur: quod et Ablavius descriptor Gothorum gentis egregius verrissima adtestatur historia. Sämtliche anderen Angaben des Jordanes über die Wanderung der Goten sind abzulehnen.

Man hat den Anstoss zur Wanderung der Goten und Lugier in einem Westvorstosse der Slawen sehen wollen, dafür haben wir ausser Grenzwällen in Schlesien, deren Zweck und Alter umstritten ist, gar keinen Anhalt; mit demselben Recht könnte man das Einrücken der Slawen in die heutigen preussischen Ostprovinzen erst als eine Folge der Auswanderung der Ostgermanen ansehen. Auch kann nicht Hungersnot als wesentlich einziger Grund gewirkt haben: denn dann wäre nach Abzug der Übervölkerung noch ein so starkes Volk zurückgeblieben, wie es die Heimat gerade nähren konnte, und dann hätten die Slawen nicht so, ohne dass eine Spur von dort stattgefundenen Kämpfen sich erhalten hat, das germanische Land besetzen können. Zurückgeblieben sind Ostgermanen, das zeigen die Überreste einer slawo-germanischen Mischkultur und die relative Leichtigkeit, mit der diese Gebiete dem Deutschtum wieder gewonnen wurden. Ohne Einfluss auf die Auswanderung kann aber auch der blühende Ostseehandel zwischen Germanen und Römern nicht gewesen sein; er hört mit der Auswanderung sofort auf, wie uns das Fehlen aller römischen Münzen in Pommern und Preussen das ganze dritte Jahrhundert hindurch beweist. Ähnlich

---

1) apud Jordanem Get. 22.
2) Getica IV = 26 u. 27.
3) Getica IV = 28.

mag die Unzufriedenheit mit der Königsherrschaft gewirkt haben. Am Pontus wenigstens fehlt den Germanen das, was man allein eine Königsherrschaft nennen kann: die unumschränkte oder für immer in einem Rechtsverhältnis begründete, dauernde und erbliche Regierungsgewalt eines Einzelnen. Man darf sich durch das Auftreten sogenannter „Könige" in unseren Quellen nicht irre machen lassen; bei näherem Eingehen auf das Wesen und die Funktionen ihres „Königtums" entpuppen sie sich als weiter nichts als „Herzöge", d. h. Führer im Felde. Die Römer sind durch den Umstand, dass diese Herzöge aus den Edelingen gewählt wurden, verleitet worden, sie selten als reges, meist als reguli oder duces zu bezeichnen.

Kurz und gut, wir sehen, dass zuerst einige, nach und nach mehrere Gaue zur Wanderung nach dem Südosten, der einzigen Gegend, in der man nicht auf nachhaltigen Widerstand stiess, sich aufmachten; die Verbindung der Ausgewanderten mit den Heimatgauen lockte dann allmählich den grössten Teil der einzelnen Völkerschaften in die fruchtbaren Gegenden am Pontus. Zwischen den Jahren 160 und 190 müssen diese Verschiebungen stattgefunden haben; die Masse speziell des Gotenvolkes wird erst zwischen 220 und 230 am Pontus angelangt sein.

Von einer ausführlichen Behandlung des Markomannenkrieges, der ja im wesentlichen von den südlichen Westgermanen unternommen ist, muss ich hier absehen, denn vor kurzem ist uns in der grossartigen Publikation der Marcussäule durch Mommsens Hand eine Darstellung des Krieges geworden, die erreicht hat, was mit dem vorliegenden Material zu erreichen ist. v. Domaszewski hat in derselben Publikation eine Erläuterung des Säulenreliefs für das historische Wissen gebracht, und demselben Gelehrten verdanken wir eingehende Studien über den Markomannenkrieg [1], die sich auch mit der Frage nach den Feinden Roms beschäftigen. Ausserdem hat Paul v. Rhoden [2] das Material gut zusammengestellt, so dass die älteren Darstellungen, wie z. B. die von Dahn bei v. Wietersheim [3] völlig veraltet sind. Auch die fleissige Disser-

---

1) Rheinisches Museum 45, 207; Neue Heidelberger Jahrb. 5, 107; Serta Harteliana 8.

2) Bei Pauly-Wissowa, Spalte 2293.

3) Geschichte der Völkerwanderung I, 118 sq.

4

tation von Conrad[1]) fällt unter die letzteren, trotzdem sie nutzbringend gewesen ist, denn Rhoden steht hier zweifellos auf Conrads Schultern.

Demnach will ich die Ereignisse des Markomannenkrieges als bekannt voraussetzen und mich darauf beschränken, die Episoden einzureihen, welche die Ostgermanen betreffen und nach dieser Seite noch nicht hinreichend beleuchtet sind.

Zuerst wird es sich darum handeln, welche Völker hier in Betracht kommen: Victofalen und Markomannen sollen alles in Aufruhr gesetzt haben.[2]) In Pannonien waren Markomannen, Sarmaten, Wandalen und Quaden[3]) eingefallen; statt der Wandalen werden mit den drei anderen Völkern zusammen an anderer Stelle[4]) Hermunduren genannt; die vollständigste Aufzählung[5]) giebt uns: Marcomanni, Varistae, Hermunduri et Quadi, Suevi, Sarmatae, Lacringes et Burëi, hi aliique[6]) cum Victualis, Osi, Bessi, Cobotes, Roxolani, Basternae, Halani, Peucini, Costoboci. Dio[7]) nennt Jazygen und Markomannen, Quaden, Asdingen, Coistoboken, Lakringen (?), Cotinen, Buren, Roxolanen, Varisten[8]) und später[9]) Wandalen und Daker.

Als Ostgermanen kommen hiervon in Betracht Wandalen, Victofalen und Asdingen, welche zusammengehören, denn Victofalen und Asdingen sind zwei Namen für ein und denselben Volksteil der Wandalen. Ferner die Bastarner, deren einer Teil, die Peukinen, hier besonders genannt wird, weil er vom Hauptstamm abgetrennt wohnte, und die Aufzählung in der vita Marci nach topographischen, nicht nach ethnographischen Gesichtspunkten erfolgt. Es bleiben darum nur noch die Lakringen als Ostgermanen, die allerdings nur hier genannt, aber von Müllenhoff, v. Wietersheim und Much zum wandalischen Stamme gerechnet werden, so dass uns für unsere Betrachtung von ostgermanischen Völkern im

1) Rostock 1889.
2) vita Marci 14, 1.
3) a. a. O. 17, 3; Eutrop 8, 13.
4) vita Marci 27, 10.
5) vita Marci 22, 1.
6) B. P. M. Vandalique (Mommsen).
7) 71, 3; 71, 8—10.
8) Nach Zeuss 117 ein Teil der Markomannen.
9) Dio 72, 2, 4 und 3, 3.

Markomannenkriege nur die Wandalen bleiben, denen sich das östliche Germanenvolk der Bastarner anschliesst.

Die Bastarner werden allerdings unter den Völkern aufgezählt, welche gegen Rom konspiriert haben, aber in unserer Tradition findet sich ausser einer Stelle der Marcussäule, wo die Beziehung auf die Bastarner höchst problematisch bleibt, nichts von einem Eingreifen dieses Volkes in den Krieg. Allerdings sehen wir aus den römischen Abwehrvorkehrungen, dass Moesien bedroht war, und hier können die Feinde eben nur Bastarner oder Roxolanen gewesen sein. M. Claudius Fronto befehligte als Statthalter von Dakien und Obermoesien die legio XIII gemina, VII Claudia und IV Flavia. Die Besatzung Untermoesiens, die legio XI Claudia, V Macedonica und I Italica war nach Norden vorgeschoben in die heutige grosse Walachei, wo sie bei Gradistea im heutigen Distrikt Prahova ein befestigtes Lager bezogen hatte. Ausserdem ist in diesem Lager die cohors Commagenorum nachgewiesen.[2]) Die Zusammenziehung einer derartigen Macht in einem Lager vor den eigentlichen Befestigungen der Grenze zeigt ja deutlich, dass man einen zweiten Einbruch, wie den bei Adamklissi zurückgewiesenen, vermeiden wollte.

Fronto starb dann — an der Spitze von welcher der beiden Armeen, bleibt ungewiss — nach einigen siegreichen Gefechten den Heldentod.[3]) Dieses Ereignis wirkte entmutigend auf der Balkanhalbinsel: Philippopolis wurde noch im Jahre 172 befestigt.[4]) Auf Fronto folgte Klemens[5]) als Statthalter in Dakien und Moesien.

Unter diesem erfolgte ein Wandaleneinfall.[6]) Unter den Anführern Rhaus und Rhaptus — das Vorkommen der Allitteration ist bezeichnend — brechen asdingische Wandalen im Jahre 174 in Dakien ein und tragen den Römern ihre Hülfe gegen Gewährung von Wohnsitzen an. Wahrscheinlich waren sie von den Markomannen schlecht behandelt worden, was sehr natürlich erscheint

---

1) Vorher war legio V Maced. und I Ital. in Troesmis zum Grenzschutz stationiert; CIL III, p. 999. 145.

2) A. E. M. Ö. 14, 14.

3) CIL III 1457; Liebenam, Forschg. z. Verwaltgsgesch. d. röm. Kaiserreichs 1, 140 sq.; A. E. M. Ö. 13, 186 sq.

4) CIL III, 6121.

5) Liebenam, a. a. O.

6) Dio 71, 12, 1.

bei dem Druck, der durch die Gotenwanderung nach Süden sich
geltend macht. Da sie die erbetenen Wohnsitze nicht erhalten
können, so lassen sie ihre Familien — wir haben es also mit einem
regelrechten Wanderzuge zu thun — bei dem Statthalter Klemens[1]),
greifen das Karpathenvolk der Kostuboker an und erobern dessen Gebiet. Die Kostuboker haben dann, nun auch in Bewegung gesetzt,
einen bis nach Phokis ausgedehnten Plünderungszug unternommen.[2])
Von dem Kostubokerlande aus, zwischen San und Poprad,
beunruhigen die Wandalen Dakien. Das benachbarte Volk der
Lakringen[3]) glaubt sich durch sie bedroht, überfällt sie plötzlich
und bringt ihnen eine so schwere Niederlage bei, dass sie den
Kaiser flehentlich um Wohnsitze und Geld bitten gegen entsprechende
Unterstützung durch Kriegsdienste. Diese Verpflichtungen gegen
die Römer haben sie auch einigermassen (τι) erfüllt. Die Lakringen
waren, wie oben bemerkt, ebenfalls Wandalen, sie haben wahrscheinlich vor Ankunft der Asdingen dieses Land von den Römern
angewiesen erhalten, das sie gegen ihre nachrückenden Stammes-
genossen verteidigten. Die Nachricht von einer Unterstützung der
Römer durch die Asdingen findet sich auch bei Petrus Patricius[4]):
ὅτι ἦλθον καὶ Ἄστιγγοι καὶ Λακριγγοὶ ἐς βοήθειαν τοῦ Μάρκου.
Wir sehen daraus, dass auch die Lakringen, wie oben behauptet,
thatsächlich den Römern Hülfe geleistet haben, um dafür wahrscheinlich das jetzt von ihnen verteidigte Land zu erhalten. Es
ist als typische Erscheinung festzustellen, dass die Asdingen darnach die Nachahmer der Lakringen gewesen sind; in dieser Weise
schoben sich die Germanen in das Römische Reich hinein. Mit
Recht bezieht v. Domaszewski[5]) die Notiz der vita Marci[6]): „emit
et Germanorum auxilia contra Germanos" auf die Wandalen, und
diese Notiz bestätigt uns die Bestimmung des Friedens der Römer
mit den Quaden[7]): ἵνα μήτε τοῖς Ἰάζυξι μήτε τοῖς Βούροις μήτε

---

1) Prosop. Lat. I, 888 bietet nichts; cf. dagegen CIL III, 7505, VIII, 9365;
Liebenam, a. a. O.

2) Heberdey, A. E. M. Ö. 13, p. 186—190.

3) Λάκριγγοι, nicht Λάκριγγοι; Haupt, Z. f. d. Ph. 9, 432 sq.; cf. Marcussäule, Text S. 114/5 und 108.

4) fragm. 7; Müller, F. H. G. IV, 186.

5) Marcussäule, Text S. 115.

6) 2, 17.

7) Dio 71, 18.

τοῖς Οὐανδήλοις πολεμῶσιν. Diese Nachricht bestätigt uns auch, dass wir die Datierung des Asdingeneinfalles richtig gefasst haben. Das Resultat ist also eine Festsetzung zweier wandalischer Völkerschaften auf römischem Reichsboden. Hier an der Nordwestgrenze Dakiens haben die Wandalen gelauert, bis die Schwäche des Reiches im dritten Jahrhundert ihnen eine Okkupation des Landes in grösserem Umfange gewährte, und sie sind im Verein mit den Gepiden es gewesen, welche den Römern die schöne Provinz endlich entrissen haben.

Nun hat v. Domaszewski es versucht, die wandalischen Hülfsvölker auf der Marcussäule nachzuweisen. In Scene 49ᵃ treten nämlich Gesandte eines Volkes auf, welche teils eine phrygische Mütze, teils einen kegelförmigen oben abgestumpften Hut tragen. In Scene 78 treten dann Hülfsvölker mit ersterer Kopfbedeckung auf, von denen die Reiter die Lanze, die Fussgänger den Bogen führen. Beide Truppenteile kämpfen nicht mit nacktem, sondern bekleidetem Oberkörper. Diese Leute sollen Wandalen sein. Mir scheint diese Deutung zweifelhaft, einmal wegen der Kopfbedeckung, zweitens wegen der Bogenführung, drittens wegen des bekleideten Oberkörpers und viertens, weil die Beweisführung v. Domaszewski für seine Ansicht als nicht gelungen zu bezeichnen ist.

Zwei Kopfbedeckungen, wie die erwähnten, bildet Lindenschmit in seiner deutschen Altertumskunde ab; wenn er sich dabei auf römische Skulpturen bezieht, welche Donaugermanen darstellen, so können nur die eben zitierten Bilder der Marcussäule gemeint sein. Denn die Belege, welche Lindenschmit auf S. 251 in den Anmerkungen giebt, gehören einer so späten Zeit an, dass die dort geschilderte Tracht vielmehr für eine Nachahmung fremder Trachten angesehen werden muss. Die Stelle Ammians [1]) ist schon vor Lindenschmit auf den nodus gedeutet worden, und die ebendort angeführten Worte des Jordanes stammen allerdings aus Dio Chrysostomos, aber Dio verwechselt ebenfalls Goten und Geten, so dass diese Angabe gleich der bei Jordanes 71 absolut keinen Wert hat, weil hier die dakische Unterscheidung zwischen pileati und capillati vorliegt. Wenn also wirkich der pileus eine den Donaugermanen von vornherein zukommende Tracht gewesen

---

1) XVI, 12.

wäre, dann müsste man doch unter den Hunderten der auf der Marcussäule dargestellten Germanen den pileus wenigstens einigemale finden und nicht nur bei diesem ganz vereinzelt auftretenden Hülfskorps der Römer, das ausserdem durch die Bekleidung der Brust und die Führung des Bogens, als einziger Waffe einer ganzen Kategorie von Kriegern, als nichtgermanisch gekennzeichnet ist. Es kann wohl möglich sein, dass die Germanen später den pileus von den Dakern entlehnten, das ist aber unmöglich zu einer Zeit, wie die vorliegende, in welcher die Beziehungen zwischen Dakern und Wandalen eben erst beginnen. Aus diesem Grunde kann uns auch hier eine Vergleichung mit fränkischen und angelsächsischen Helmtypen keinen Schritt weiter bringen.[1]

Was kann nun schliesslich v. Domaszewski für seine Behauptung[2], der Bogen sei die wandalische Nationalwaffe gewesen, beibringen? Eine völlig aus dem Zusammenhang herausgerissene Stelle[3], in welcher erzählt wird, dass ein wandalischer Unterführer von dem Anführer der Wandalen standrechtlich durch Bogenschuss hingerichtet sei. Nun wird allerdings κατατοξεύω, obwohl es an sich nur ein Schiessen oder Schleudern im Gegensatz zum Schlagen oder Stechen bezeichnet, mit Vorliebe für den Bogenschuss gebraucht, aber daraus kann man doch noch nicht folgern, dass die Wandalen ausschliesslich den Bogen führten, wie die auf der Säule dargestellte leichte Infanterie. Natürlich kannten die Wandalen den Bogen, und für die Hinrichtung war die Sitte des Erschiessens immer lebendig, aber wir können daraus in keiner Weise die Berechtigung nehmen für die Behauptung, dass die Bogenschützen eine spezielle Waffe der Wandalen gewesen seien.

Wenn schliesslich v. Domaszewski in den in Scene 83 dargestellten Auxilien die Lakringen sehen will, so können darnach die Auxilien in Scene 49* und 78 keine Wandalen sein, denn hier erscheint ja der wandalische Stamm der Lakringen barhaupt, ohne den pileus und ohne den Bogen.

Demnach kann ich mich auf Grund unserer heutigen Anschauungen von der Darstellung germanischer Truppen auf römischen

1) Lindenschmit, S. 253.
2) a. a. O. S. 121.
3) F. H. G. III, 336.

Skulpturen nicht mit v. Domaszewskis Aufstellung, welche die betreffenden pileati als Wandalen deutet, einverstanden erklären.

Ebenso unsicher bleibt die Vermutung, dass die auf Scene 88, 89 (91) und 107[b] der Marcussäule dargestellten Germanen Bastarner seien. Ein nodus ist nicht sicher nachgewiesen, aber das Material ist hier so dürftig, dass man eine Entscheidung nicht treffen kann. Jedenfalls würde diese Darstellung ein aktives Eingreifen der Bastarner in den Krieg nicht bezeugen.

Ebensowenig darf man an eine Beteiligung der Westgoten am Markomannenkrieg denken, weil ein Germanenführer den Namen Tarbos führt.[1]

Hiermit sind unsere Zeugnisse über die Beteiligung ostgermanischer Völker am Markomannenkriege erschöpft. Das Volk, welches das treibende Element ursprünglich war, hat in den Krieg nicht eingegriffen; es zog im Rücken der Kämpfenden langsam weiter zum Pontus, um seit dieser Zeit die Führerolle im Ansturm der Ostgermanen gegen Rom zu übernehmen. Es waren die Goten.

---

1) Conrad, a. a. O. S. 7; Dio 71, 11.

Anhang.

I.

Die Bastarner bei den alten Geographen.

Aus Strabo können wir ersehen, dass, während die Bastarner
den älteren Geographen, auch Timosthenes und Eratosthenes unbekannt waren, man zu seiner Zeit schon besser unterrichtet war.[1])
Er kennt sie auf der linken Seite des Ister zwischen Tyregeten
und Sauromaten im Nordwesten an die Germanen grenzend.[2]) Im
Osten reichen sie bis in die Nähe des Borysthenes. Allerdings
ist Strabo nicht ganz sicher, ob er im Osten auf die Germanen
gleich die Bastarner folgen lassen soll[3]), wie die meisten Forscher
es thun, oder ob noch andere Völker zwischen beiden wohnen;
auch kennt er ihre Ausdehnung nach Norden und ihre Entfernung
vom Atlantischen Ocean nicht. Dagegen kennt er die Bastarner
an der Donau, wo sie mit der alten Kultur in Berührung kamen.
Sie haben sich zum Teil mit Thrakern vermischt[4]) und machen
häufige Einfälle über die Donau, wobei dann Teile von ihnen auf
den Inseln oder auf dem Südufer sitzen bleiben.[5]) Ein Teil von
ihnen trägt nach der Fichteninsel — dem Donaudelta — den
Namen Peukinen.[6]) „σχεδόν τι καὶ αὐτοὶ τοῦ Γερμανικοῦ γένους
ὄντες, εἰς πλείω φῦλα διῃρημένοι. καὶ γὰρ Ἄτμονοι λέγονταί
τινες καὶ Σίδονες, οἱ δὲ τὴν Πεύκην κατασχόντες τὴν ἐν τῷ Ἴστρῳ
νῆσον Πευκῖνοι, Ῥωξόλανοι δ' ἀρκτικώτατοι τὰ μεταξὺ τοῦ Ταναΐ-

---

1) C(asaubonus II.) 93, C. 118.
2) C. 128, 306.
3) C. 289, 294.
4) C. 246/7.
5) C. 305; cf. die oben berichtete Unterwerfung der Geten unter Oroles.
6) C. 305, 306.

δος καὶ τοῦ Βορυσθένους νεμόμενοι πεδία." Die Roxolanen sind natürlich sofort auszuscheiden, da sie nach Tacitus[1]) zweifellos Sarmaten sind. Ein Teil der Bastarner, die Peukinen, trägt einen griechischen Namen. In Ἄτμονοι hat Much[2]) ein germanisches Atmunōz* vermutet; er deutet den Namen als die „Verhassten", die „Furchtbaren", um diesen Stamm mit den Ὄμβρωνες des Ptolemäus zu identifizieren. Jedoch weist Hirt[3]) mit Recht nach Analogie der neuesten Forschungen von Holz[4]) eine derartige Deutung als unmöglich ab. Die Σίδονες stellt Much den Σίδωνες des Ptolemäus[5]) gleich, die als Germanen erwiesen sind. Die Bezeichnung der Bastarner als Ἰγυλδίωνες[6]) und die Erklärung dieser Inguldjans* als die Hochangesehenen[7]) kann hier fortbleiben, denn wir kommen damit völlig in das Gebiet der Hypothese, ohne etwas zu gewinnen. Für uns wichtig bleibt nur Muchs Einordnung der Frugundionen und Burgionen als Abteilungen der Bastarner, weil diese Stämme in den Balkanländern später eine Rolle spielen. Diese Einordnung kann Much[8]) nur dadurch stützen, dass er Strabos[9]) Bemerkung, die Bastarner zerfielen in mehrere Stämme (εἰς πλείω φῦλα, s. oben), mit der Aufzählung der Ostvölker bei Ptolemäus[10]) kombiniert und dann von den bei Ptolemäus, aber nicht bei Strabo genannten Φρουγουνδίωνες und Βουργίωνες auf sprachlichem Wege den germanischen Charakter dieser Völkernamen nachweist. Ist nun ein Beweis, der lediglich mit dem Namen des Volkes arbeitet, sobald er vereinzelt steht, schon eine zweifelhafte Stütze, so schreibt sich Muchs Berechtigung seiner Einordnung lediglich aus dem λέγονταί τινες des Strabo her, und bei alledem muss man bedenken, dass wir gar keinen Grund haben, diese nicht bestimmt einer Völkergruppe zugewiesenen Stämme

---

1) hist. I, 79.
2) Beiträge 17, 36, 45.
3) Beiträge 21, 129.
4) Beiträge zur deutschen Altertumskunde, I: Über die germanische Völkertafel des Ptolemäus.
5) 2, 11, 21.
6) Ptolemäus 3, 5, 9; Zos. p. 59.
7) Much, S. 45.
8) a. a. O. S. 39.
9) C. 306.
10) 3, 3, 8.

gerade derjenigen der Bastarner zuzuweisen, und dass gerade
Strabo, was die richtige Wiedergabe des Lautstandes germanischer
Volksnamen betrifft, als ein recht unzuverlässiger Berichterstatter
immer mehr erkannt wird.[1]

Sicherer und genauer als Strabo in der Kenntniss der Germanen ist Plinius[2]: „A Maro[3] sive is Duria[4] est a Suevis regno-
que Vanniano dirimens eos, aversa tenent Basternae aliique inde
Germani“. Die Bastarner wohnen also nach Plinius im Ostnord-
osten von Mähren, ihre Ausdehnung nach Osten wird nicht angegeben. Jedenfalls zählt Plinius die Bastarner unbedenklich zu
den Germanen, sowohl hier, als an der Stelle, wo er die Stämme
der Germanen angiebt.[5]

Ovid kennt die Bastarner, er nennt sie Basterner — beide
Schreibweisen schwanken bekanntlich in der Tradition —, in der
Nähe von Tomi.[6]

Valerius Flaccus, der zur Zeit Vespasians schrieb, erwähnt
im sechsten Buch folgendes[7]:

> hos super aeratam Phalces agit aequore nubem
> cum fremitu, densique levant vexilla Coralli,
> barbaricae quis signa rotae ferrataque dorso
> forma suum truncaeque Jovis simulacra columnae.
> proelia nec rauco curant incendere cornu,
> indigenes sed rite duces et prisca suorum
> facta canunt veterumque viris hortamina laudes.
> ast ubi Sidonicas inter pedes aequat habenas,
> illinc iuratos in se trahit Aea[8] Batarnas,
> quos duce Teutagono[9] crudi mora corticis armat
> aequaque nec ferro brevior nec rumpia ligno.

---

1) Holz, a. a. O.

2) h. n. IV, 81.

3) Tac. annal. II, 63; Ukert IV, 168; Unrecht hat Mannert IV, 180 und
Schaffarik, a. a. O. I, 423.

4) Id. 4, 12 (25), 81.

5) h. n. IV, 100.

6) trist. II, 198, im Jahre 9.

7) v. 88 sq.

8) Exabaternas C. (Exabatarnas Carrion) Aeabatarnas A. l. d.

9) ducete ut agono V.

Man darf als gesichert annehmen, dass der Dichter der Argonau-
tika hier die Bastarner im Auge hat. Denn er erwähnt ihren Stamm
der Sidonen und die auch von Plutarch [1]) und Livius [2]) erwähnte Sitte
der Parabaten. Caesar [3]) schildert diese als eine speziell germanische Kampfesweise, während Pausanias [4]) eine sehr ähnliche Fechtart
auch bei den nach Griechenland eingefallenen Galliern kennt.
Auch die Sitte des Reislaufens ist ja speziell den Germanen eigentümlich. Müllenhoff [5]) weist allerdings darauf hin, dass die
romphaea des Valerius der taciteischen framea [6]) nicht entsprechen
würde, jedoch ist man sich über die Gestalt dieser Waffe nicht
ganz klar [7]), da sie bei Livius [8]) als Hiebwaffe erscheint und
ausser den hier zitierten Stellen mir wenigstens nicht bekannt ist.

Fast ebenso selten erwähnt ist das hier auftretende Volk der
Koraller. Ovid [9]) kennt sie als „flavi" und als „pelliti", und
Appian [10]) zählt sie auf zwischen Jazygen und Thrakern, zwischen
dem Istrus und Haemus. Er kennt daneben die Bastarner. Die
noch hierher gehörige Notiz des Strabo [11]) will Müllenhoff [12]) mit
Recht hier nicht gelten lassen; sie bleibt jedenfalls für unsere
Frage indifferent. Die einzige Charakteristik der Koraller erhalten
wir, abgesehen von dem dürftigen „flavi" und „pelliti" Ovids,
durch Valerius Flaccus. Und diese Stelle kann uns stutzig machen,
denn sie enthält eine Schilderung germanischer Charakterzüge
Wort für Wort. Die Eberbilder als Feldzeichen erinnern an den
Donarkult [13]), die Verehrung des Himmelsgottes unter der Gestalt
einer Säule an die Irminsul [14]), und nun gar das, was der Dichter

---

1) Aemil. Paullus 12.
2) 44, 26.
3) b. g. I, 48; cf. Wagner im Philologus 20, 641, der anderer Ansicht ist.
4) Φωκικά = X, 19, 6.
5) D. A. K. II, 105.
6) Germania 6.
7) Isidor 18, 6, 3.
8) 31, 39, 11; cf. Claudian epigr. 27.
9) ex Ponto 4, 2, 37; 4, 8, 83.
10) Mithrid. 69.
11) VII, 318.
12) D. A. K. III, 159.
13) Tac. Germ. 45; Simrock, Myt. (3) S. 308; Lindenschmit, D. A. K. 276.
14) Grimm, Myt. 104, 107, 306; Simrock, Myt. (3) 261 sq., 278.

von den Heldenliedern der Koraller erzählt, ist echtgermanisch.[1])
Man wäre versucht, in den Korallern einen Stamm der Bastarner
zu erblicken. Allein einen so gewagten Schluss erlaubt uns die
Dürftigkeit unseres Materiales nicht; es spricht zwar nichts gegen
eine derartige Hypothese, aber zu ihrem Beweise fehlt vor allem
jeder sprachliche Anhalt, denn der allerdings germanische
Name Teutagonus[2]) muss hier wenigstens für die mit den
Korallern zusammen genannten Bastarner in Anspruch genommen
werden.

In den von Strabo und Plinius angeführten Sitzen sind die
Bastarner auch dem Ptolemäus[3]) bekannt; seine Angabe: ὑπὲρ
τὴν Δακίαν kann nur bedeuten: jenseit, d. h. im Nordosten der
Karpathen. Dazu stimmt[4]), dass er die Karper, einen dakischen
Stamm in den nach ihm benannten Karpathen, zwischen Bastarner
und Peukinen einschiebt. Wir müssen uns also die Bastarner
als die Bewohner der um die Karpathen in nahezu halbkreisför-
migem Bogen nach Norden, Nordosten und Osten herumliegenden
Ebenen denken, doch nicht so, dass sie in einer kompakten
Masse zusammensassen, sondern untermischt mit Abteilungen von
Völkern anderer Abstammung, insbesondere Roxolanen, dakischen
und im Süden auch keltischen Stämmen. Dieselbe Auffassung
giebt uns die oft besprochene Stelle der Germania des Tacitus[5]):
Peucinorum Venedorumque et Fennorum nationes Germanis an
Sarmatis adscribam dubito, quamquam Peucini quos quidam
Bastarnas vocant, sermone, cultu, sede ac domiciliis ut Germani
agunt. sordes omnium ac torpor: ora procerum conubiis mixtis
nonnihil in Sarmatarum habitum foedantur." Ein Kommentar zu
diesen Worten erscheint mir überflüssig, sie sind zu oft erklärt
worden. Muchs[6]) Deutung des Namens Bastarnae als „Blendlinge"
mag man gelten lassen mit Beziehung auf die eben angeführte

1) Tac. Germ. 2 und 3; annal. 2, 88. 3, 42; Ammian Marc. 31, 7; Tac. hist. 2, 42. 4, 18. 5, 14; annal. 1, 65; Jordanes, Getica 43.

2) cf. Philologus 20, 641; Wiener Sitzungs-Ber. 1871, p. 292sq.; Müllenhoff, D. A. K. II, 109 A.

3) III, 5, § 19.

4) a. a. O. § 24.

5) cap. 46; cf. Wormstall im 56. Jahresbericht des Paulinums zu Münster. 1876.

6) Beiträge 17, 37.

Stelle des Tacitus. Hirts[1]) Polemik dagegen hat nichts aus-
gerichtet.

II.

Die Verteilung der römischen Truppen in Moesien
und Dakien seit Trajan.

Es konnte oben nur zusammenfassend auf die römischen Streitkräfte in den von den Donaugermanen bedrohten Gegenden hin-
gewiesen werden. Ein genaues und völlig klares Bild der römischen Verteidigung gewährt uns unser Material nicht, aber an-
näherungsweise können wir uns eine Vorstellung der römischen
Abwehr machen. Dieser Versuch ist mir wesentlich erleichtert
durch die freundliche Liebenswürdigkeit des Herrn Professor
Dr. C. Cichorius in Leipzig, der mir ein Exemplar seiner noch
nicht im Buchhandel erschienenen Arbeit über die Auxiliarkohorten
des römischen Kaiserheeres zur Verfügung gestellt hat.[2])

Es wird sich empfehlen, einen tabellarischen Überblick über die
Legionen zunächst zu geben, wobei jedoch nur die Feststellung der
Garnisonen als leitender Gesichtspunkt in Betracht kommt. Die
Fundorte von Inschriften, welche nicht für die Feststellung der
Legionsgarnison von Wert sind, sind fortgelassen.

legio I Italica.

Zeit.	Provinz.	Garnison.	Belege.
p. Ch. 69—79(?)	Moesia in-ferior.	Oescus.	CIL III, 7428.
79 (?) — 134.	„	Durostorum.	Ptolem. 3, 10, 10; CIL III, 7514.
134—224.	„	Novae.	itinerarium Antonini p. 221; not. imp. or. p. 102; geographus Ra-vennas p. 187—89; CIL III, 750, 756 et add., 7420, 7438, 7441, 7447, 785, 1 = 6239ᵃ (tegulae).

1) Beiträge 21, 142.
2) Nach diesem Exemplar sind die Zitate nach den unter dem Text
laufenden Seitennummern angegeben.

Die sonst von der Legion in Moesia superior, Dacia, Dalmatia, Pannonia inferior und Noricum gefundenen Inschriften können gegen die ausschliessliche Stationierung der Legion in Moesia inferior innerhalb der oben angegebenen Jahre nicht als Beweise herangezogen werden.

legio V Macedonica.

Zeit.	Provinz.	Garnison.	Belege.
10—62 71 bis auf Hadrian.	Moesia inferior.	Oescus.	CIL III, 1698, 1919; itinerarium Anton. p. 220.
von Hadrian bis auf Marc Aurel.	„	Troesmis.	CIL III, 6166, 6168, 6240 (tegulae), 776, 285, 2, 6178, 6187, 6162, 7505, 7501, 7502, 7507, 6181—6192; laterc. legion. or. 308.
seit Marc Aurel.	Dacia.	Potaïssa.	Dio 55, 23; CIL III, 878, 881, 892, 905, 875, 7741, 826, 870 bis 909, 935, 1630 (tegulae); Rheinisches Mus. 48, 244.
	zeitweise Detachierungen in der Provinz.		confer. Hirschfeld, Wiener S.-B. 77, 411; CIL III, 7657 (anno 204), 1094, 1077, 1630 und p. 1019, 902, 1603, 1566 (anno 256); A. E. M. Ö. 19, 79, nr. 3, 8066ᵃ.
nach Aurelian.	Dacia ripensis.	Slaveni.	A. E. M. Ö. 19, 84, nr. 14; cf. CIP I, 3 (Kladovo).

In Moesia inferior befand sich die legio I adiutrix für die Jahre 86—91, die legio II adiutrix von 85—107.

legio VII Claudia.

Zeit.	Provinz.	Garnison.	Belege.
seit 66. 168. nach 270.	ausschliesslich Moesia superior.	Viminacium.	CIL III, 1700, 1 und 2 (tegulae), cf. p. 280, 1701, 1650, 1651, 6324, 6325, 1697, 8099, 1650, 8275, 8100, 8103, 8184, 8110, 8111; not. dign. or. c. 38; Hirschfeld, Wiener S.-B. 77, 412; cf. CIL III, 1673, 1676, 8244, 6291 (anno 213), 6297; cf. A. E. M. Ö. 13, 129 sq. mit CIL III, 8071. — CIL III, 1643, 632 bis 635; A. E. M. Ö. 19, 216, nr. 76.

legio IV Flavia.

Zeit.	Provinz.	Garnison.	Belege.
seit Domitian.	Moesia superior.	Singidunum.	praefectura. not. dign. or. c. 38; itinerar. Anton. p. 132; CIL III, 1665, 1663, 8154, 8148, 8276; Ptol. 3, 9, 3: CIL III, 6326 (tegulae).
³/₄ sc.		teilweise Viminacium.	Ptol. 3, 9, 3; CIL III, 1648, 1649, 1652, 1653, 1646, 6300, 6305, 6322, 7904. cf. A. E. M. Ö. 13, 129 mit CIL, III, 8070.

Die übrigen Fundorte von Inschriften, welche die Legion
nennen, sind entweder für ihre Garnison ohne Belang, oder betreffen zeitweilige Abkommandierungen. Der Standort blieb die
obere moesische Provinz.

legio XIII gemina.

Zeit.	Provinz.	Garnison.	Belege.
seit 107 bis 257.	Dacia.	Apulum.	CIL III, 7741, 1018 (tegulae), 823, 1093, 1100, 981, 989, 993 bis 995, 1000, 1011—13, 1019, 1020, 1032—34, 1038, 1038, 1041—78, 7736 sq., 1654, 1629, 990, 1017, 827, 823.
nach Aurelian.	Dacia nova.	Kladovo.	

legio XI Claudia.

Zeit.	Provinz.	Garnison.	Belege.
seit 155.	Moesia inferior.	Durostorum.	eph. epigr. IV, p. 524 = CIL III, 7449, p. 528; A. E. M. Ö. 14, 16, nr. 35; itinerar. Anton. p. 223; CIL III, 7474—7477, bei Adam-klissi 7483; cf. 7453, 6194—96 u. p. 1010 = CIP I. nr. 222.

Im Markomannenkriege wurde die Legion vorübergehend nach
Dakien abkommandiert, cf. CIL III, 8073 (tegulae), 1457 (971)
(1480). — cf. CIL III, 404, 5776, 4658ᵃ. —

Die Verteilung der Auxilien in Moesien und Dakien kann nur verstanden werden, wenn man sich über die Grenzen der drei Provinzen eine klarere Vorstellung zu machen sucht, als sie unsere bisher gebräuchlichen Karten geben.

Moesia superior beschränkt sich nicht auf das Land südlich der Donau, sondern greift in einer Breite vom Einfluss der Save in die Donau bei Singidunum bis in die Gegend des dakischen Tsierna vor dem Eisernen Thore, über den Fluss herüber; seine nördliche Ausdehnung erstreckt sich fast bis zur Marisia (Marosch). Diesen transdanubischen Teil der Provinz rechnete man früher irrtümlicherweise zu Dakien. Der Grenzfluss zwischen der oberen und unteren moesischen Provinz ist der Ciabrus.

Die Provinz Moesia inferior beansprucht für sich das Land im Süden der Donau und im Osten des Ciabrus bis zum Meere. Ihre Südgrenze ist für uns ohne Belang, da in dem für Thrakien beanspruchten Lande im Norden des Balkans keine moesischen Truppen zu unserer Zeit nachgewiesen sind. Man zieht nun heute das Norddonauland im Osten der Aluta und der transsilvanischen Alpen zur provincia Moesia inferior. Nicht ganz mit Recht. Wohl stand dieses Land unter römischem Einfluss, dieser schwankte aber je nach der Energie der Männer, welche in Rom regierten. Diese Ebenen wurden von barbarischen Völkern bewohnt, und keine Andeutung weist darauf hin, dass sie unter römischer Verwaltung auch nur zeitweise standen. Ebensowenig gab es dort römische Besatzungen, denn das im Markomannenkrieg nachgewiesene Lager von Gradistea bedeutet nichts als eine zeitweise Truppenvorschiebung zur Deckung der bedrohten Provinz. Eine Ausnahme machen nur die Griechenstädte am Pontus, sie haben als römische Vorposten im Barbarenland zu gelten, und nur dort, wo die alte Civilisation bedroht war, haben die Römer einzelne Truppen und auch diese nur zeitweise den Griechen zur Unterstützung einquartiert. Ja es ist noch fraglich, ob die römische Garnison in Pantikapaeum auf der Krim wirklich eine dauernde gewesen ist, oder ob nicht nur vorübergehend in bedrohter Zeit dorthin ein Kommando detachiert wurde. Das letztere scheint mir viel wahrscheinlicher zu sein. Aber selbst wenn diese Garnison römischer Truppen dort dauernd bestanden hätte, so können wir doch nicht daraus die Berechtigung entnehmen, diese weiten, von freien

Stämmen durchzogenen Ebenen als einen integrierenden Teil des römischen Reiches zu betrachten.

Die Grenze Dakiens bildet die Donau von einem Punkte, oberhalb der Stadt Tsierna, bis zum Einfluss des Aluta. Dann läuft sie die Aluta hinauf, auf dieser Strecke die Dacia Maluensis (III) begrenzend, verlässt den Fluss oberhalb Rusidava und erreicht einige Kilometer östlich von ihm den Kamm der transsilvanischen Alpen. Diesem folgt sie nach Ost über Nord nach West bis zur Wasserscheide von Visso, Szamos und Bistritz. Von hier zieht die Grenze zum alten Porolissum und benutzt dann auf eine kurze Strecke den Oberlauf der Körös, etwa bis zum heutigen Grosswardein. Verbindet man diese Stadt mit Tsierna an der Donau, so erhält man eine fast genaue Westgrenze der Provinz.[1])

Hält man diese Begrenzung fest, so gewinnt man erst das richtige Verständnis für die Truppenverteilung der Römer, welche mit klugem Sinne sich dem Terrain und dem zu fürchtenden Nachbar anzupassen verstand.

In Moesia superior finden wir im transdanubischen Teile zwei Kohorten, von denen wir annehmen können, dass sie, einmal dorthin verlegt, auch dauernd dort gestanden haben. Es ist dies die coh. V Gallorum zu Szerb-Pozsezsena[2]), die seit dem Jahre 93 dort nachgewiesen ist[3]), und die coh. III Delmatorum, welche im Kastell Plugova bei Mehadia stationiert war[4]) und in späterer Zeit den Beinamen Valeriana Galliena miliaria eq. civ. R. p. f. aufweist.

Im cisdanubischen Obermoesien finden wir dauernd 3 Kohorten

1) Für die Beurteilung der Grenzen von Moesia inferior ist sehr lehrreich die rechtliche Stellung der Griechenstädte an der ripa Thracia bis nach Olbia zur Kaiserzeit. cf. Jung, Römer und Romanen, S. 114, und v. Domaszewski im Rheinischen Museum 48, 241. Schon Jordanes begrenzt in dem oben entwickelten Sinne, Getica V = 34. Ich begreife schlechterdings nicht, wie Kiepert im Text zu seiner Karte (formae orbis antiqui XVII Illyricum et Thracia, S. 3, A. 26) dazu kommt, Niedermoesien diese weite Ausdehnung über die Donau hinweg zu geben. Die zitierte Abhandlung v. Domaszewski's giebt auch nicht die geringste Berechtigung dazu; die Zollstationen laufen die Donau- und dann die Alutalinie entlang.

2) Wir sind gezwungen, die modernen Namen da anzugeben, wo sich die antiken nicht mit Sicherheit nachweisen lassen.

3) A. E M. Ö. 14, 111; cf. 19, 213, nr. 71; J. Ö. J. I, 170 sq.

4) CIL III, 1577, 8010, 8074, 15, p. 248.

mit bestimmten Garnisonen. An der Donau lag die coh. I Cisi-
padensium zu Bononia[1]), die coh. I Thracum Syriaca in Moesia
eq. zu Ravna bei Knjaževac am Timok[2]). Zu Naissus stand als
Reserve vom Jahre 93 bis auf Hadrian die coh. I Cilicum[3]), und
diese wurde dann abgelöst durch die coh. I Aur(elia) Dard(anorum).[4])

In Moesia superior wahrscheinlich dauernd stationiert, aber
der Garnison nach unbekannt, war die ala Claudia nova[5]), die
coh. I Antiochensium[6]), die coh. IV Raetorum[7]) und die coh. V
Hispanorum eq.[8])

Nur vorübergehend standen im oberen Moesien die coh. II
Hispanorum zu Uj Palanka[9]); auch der Garnison nach unbekannt
und nur zeitweilig in der Provinz nachgewiesen ist die ala II
Pannoniorum[10]), die ala praetoria[11]), die coh. I Flavia Hispanorum
miliaria eq. von 93 bis zu den Dakerkriegen Trajans[12]) und die
coh. II Gallorum Macedonica eq.[13]), die ebenfalls nur für diese
wenigen Jahre in Moesien gestanden hat.

Ein bedeutend genaueres Bild von der Verteilung der römischen Auxilien erhalten wir in Moesia inferior. Beginnen wir bei
den Donaumündungen, so treffen wir am Einfluss des Sereth in
die Donau auf das Lager von Gertina. Hier lag die coh. II (?)
Mattiacorum[14]), bezeugt für die Jahre 99 und 134. Etwas südlich
davon lag dauernd die ala I Vespasiana Dardanorum zu Arrubium[15]),
deren Teilnahme am Kriege gegen Decebalus uns bekannt ist.
Weiter im Süden treffen wir zu Carsum, dem heutigen Hirsova

---

1) J. Ö. J. I, 170 sq.; cf. CIL V, 8158.
2) CIL III, 8261 und 62; A. E. M. Ö. 8, p. 84.
3) CIL III, 8250; J. Ö. J. I, 170 sq.
4) CIL III, 8251; cf. I. G. I. 2433 (Cichorius, S. 25).
5) J. Ö. J. I, 171.
6) ebendort.
7) J. Ö. J. I, 170 sq.; CIL VIII, 17900.
8) J. Ö. J. I, 170 sq.; CIL VIII, 4416.
9) CIL III, 8074, 19 u. 20.
10) J. Ö. J. I, 171.
11) Cichorius bei Pauly-Wissowa I¹, 1258.
12) J. Ö. J. I, 170 sq.
13) ebendort.
14) CIL III, 7620; A. E. M. Ö. 15, 221 und 212.
15) CIL III, 7512, 7504, VIII, 9990; cf. Cichorius bei Pauly-Wissowa I¹, 1240.

an der Donau, eine bisher anonyme coh. . . . .[1]) und auf die ala II Hispanorum et Arvacorum, die vom Jahre 99 bis zum Jahre 200 hier bezeugt ist.[2]) An der Küste des Schwarzen Meeres kennen wir zu Tomi im Jahre 99 die coh. VII Gallorum und im zweiten und dritten Jahrhundert eine ala Atectorum Severiana[3]). In Troesmis, das zugleich Legionslager war, kennen wir eine ala I Pannoniorum[4]), im heutigen Ruščuk, dem alten Prista, eine coh. II Flavia Brittonum Alexandriana eq. während der Jahre 99 bis 230.[6]) Zu Arlec an der Donau stand eine ala Augusta Moesica felix torquata[7]), zu Ulcitra von 105 bis ins dritte Jahrhundert die coh. IV Gallorum[8]), in Gornja Kutlowica eine coh. I Sugambrorum veterana.[9]) Vielleicht in demselben Kutlowica findet sich eine coh. III Coll . . . . .[10]) und in dem Kastell bei Belimel in Bulgarien, dessen antiker Name, wie so viele andere, unbekannt geblieben ist, eine coh. gemina Dacorum.[11])

Leider sind die Garnisonen von 2 Alen und 6 Kohorten, welche andauernd in Moesien gelegen haben, nicht festzustellen. Es sind folgende:

Name.	Jahr.	Belege.
ala I Claudia Gallorum.	seit 105.	CIL VI, 3517; Cichorius bei Pauly-Wissowa I¹, 1245.
ala Gallorum Flaviana.	seit 99.	CIL III, p. 865; Cichorius bei Pauly-Wissowa I¹, 1243.
coh. I Lusitanorum Cyrenaïca.	„	Cichorius, S. 41; CIL III, p. 863.
coh. I (?) Claudia Sugambrorum.	seit 134.	Cichorius, S. 52.
coh. I Tyriorum sagittariorum.	seit 99.	CIL III, 863; Cichorius 58.
coh. II Chalcidenorum.	„	„ Cichorius 20.
coh. I Cilicum.	seit Hadrian.	Cichorius, S. 20.
coh. II Gallorum.	seit 99.	Cichorius, S. 29.

1) CIL III, 7940.

2) CIL III, 7603, 6218; S. p. 1971 = A. E. M. Ö. 11, 25; A. E. M. Ö. 17, 173, nr. 8.

3) CIL III, 7548, 1193; Diplom. XX.

4) CIL III, 6154; cf. Cichorius bei Pauly-Wissowa I¹, 1231.

5) CIL III, 6242.

6) CIL III, 7473, 7478, 7594; cf. XI, 5632.

7) A. E. M. Ö. 14, 161; not. dign. or. 42; cf. Cichorius bei Pauly-Wissowa I¹, 1252.

8) not. dign. or. 40, 46.   9) A. E. M. Ö. 20, 155 sq.; cf. 18, 106, nr. 2.

10) CIL III, 7450.   11) Cagnat l'ann. épigr. 1896, 116.

Nur vorübergehend finden wir in Moesia inferior die ala I Flavia Gaetulorum zu Tomi (?), die schon im Jahre 114 wieder in Pannonien ist[1]), und die coh. I Bracaraugustanorum während der Jahre 99—134, dann garnisoniert sie in Berezk in Dakien.[2]) Zu Pantikapaeum in der Krim kennen wir eine coh. Cypria und eine coh. Thracum.[3])

Unbekannt ihrer Garnison nach bleiben 2 Alen und 7 Kohorten, welche vorübergehend in Moesia inferior gelegen haben. Es sind folgende:

Name.	Zeit.	spätere Garnison.	Belege.
ala I Asturum.	bis 99.	Dacia.	Cichorius bei Pauly-Wissowa I¹, 1230.
ala I Gallorum et Pannoniorum catafractaria.	134.	Dacia (145).	ebendort 1245.
coh. I Hispanorum veterana.	99.	Dacia III(129)	Cichorius 34.
coh. 1 Lepidiana eq. c. R.	99—112.	Orient.	Cichorius 39.
coh. II Lucensium (Severiana).	105, 112.	Thracia(199).	A. E. M. Ö. 15, 95, nr. 16; Cichorius 41.
coh. (I) Ubiorum.	99.	Dacia.	Cichorius 58.
coh. II Bessorum.	105.	Dacia (129).	Cichorius 12.
coh. I Flavia Commagenorum.	105.	Slaveni in Dacia III.	A. E. M. Ö. 14, 15; Cichorius 22.
coh. III Gallorum.	99—112.	DaciaIII(129)	Cichorius 30.

Zu den hier genannten Auxilien der beiden Moesien tritt noch die Donauflotte, von deren Eingreifen in die Grenzverteidigung wir allerdings nur Nachrichten durch die Skulpturen der Trajans- und Marcussäule haben, deren Bedeutung aber dennoch nicht unterschätzt werden darf. Ihre vornehmste Aufgabe war allerdings eine solche, wie wir sie heute den Pionieren und dem Train zuweisen, deren hohe Bedeutung für den Erfolg eines Krieges man im Altertum noch nicht recht hervorzuheben verstand. Im oberen Moesien besass die Flotte ihre Präfektur zu Viminacium[4]), während

---

1) CIL III, 7557.

2) cf. Cichorius, S. 13, der mich indes nicht überzeugt hat, dass wir es hier mit zwei, statt, wie mir scheint, mit ein- und derselben Kohorte zu thun haben.

3) Cichorius S. 24 und S. 56.

4) CIL III, 8117, 1647.

die Hauptstation Ratiaria gewesen zu sein scheint, dieselbe Stadt, in der eine bedeutende Waffenfabrik nachgewiesen ist.[1]) Auch das untere Moesien hat seine classis Flavia Moesiaca[2]), und wir kennen die classici in Moesia inferior.[3])

Für die Provinz Dakien erhalten wir durch die Kenntnis der römischen Auxiliarlager einen sicheren Anhalt für unser Wissen von dem Umfange der Provinz. Dieses Land war von Feinden rings umgeben, und nur soweit der römische Soldat die Grenzwache hielt, war römisches Gebiet. Die Kastelle finden sich hier als Thalsperren am Oberlauf der von den Karpathen herabkommenden Bäche und am Unterlauf der zur Theiss mündenden Flüsse, so dass das Land in weitem Bogen von den Auxilien bewacht wurde, während die Legionen mit dem Rest der Hülfstruppen, im Centrum konzentriert, jeden Augenblick bereit sein mussten, einem gefährdeten Punkte zu Hülfe zu eilen. Eine Ausnahme von dieser Besatzungsverteilung machte nur Dacia Maluensis, wo sich hinter der Aluta ein limes gleich dem moesischen hinter der Donau erhob.[4])

Wir betrachten zunächst Dacia superior vom pons vetus aus nach Osten über Norden nach Westen und Süden.

Im Thal der oberen Aluta treffen wir da zuerst auf das Lager von Kleinschenk; es war besetzt von der coh. III Brittonum, welche, nachdem sie an dem Bau der Donaubrücke bei Turnu-Severinu mitgewirkt hatte, dorthin verlegt wurde.[5]) Weiter östlich gelangen wir zum Lager zwischen Galt und Héviz. Dort stand noch im Jahre 200 die seit Trajans Dakerkriegen in Dakien anwesende ala I Asturum[6]) zusammen mit der coh. IIJ Commagenorum.[7]) Ganz im Osten stossen wir bei Bereczk auf die coh. I Bracaraugustanorum, welche im Jahre 134 noch in Moesia inferior stand; sie sperrte als äusserster Posten den Ostzugang Dakiens von der Moldau her und hätte wenig Bedeutung als solcher ge-

1) not. imp. or. p. 109.
2) Diplom vom Jahre 92; CIL III, p. 858.
3) Diplome von 99 und 105; CIL III, 7552 (?); CIL III, p. 863 und 865.
4) cf. Jung, Römer und Romanen, S. 109 sq. und A. E. M. Ö. 1, 30; vergleiche hierzu die Kiepertsche Karte im CIL III, 2.
5) CIL III, 1703, 8074, 12; Cichorius, S. 17.
6) CIL III, 8074, 1633, sie kam aus Moesien.
7) CIL III, 955 = S. 7721.

habt, wenn das Tiefland in ihrem Osten unter römischer Verwaltung gestanden hätte.[1]) Vielleicht stand in Bereczk noch die coh. I Flavia Ulpia Hispanorum miliaria c. R., welche für das Jahr 110 bezeugt ist.[2]) Nördlicher noch, aber im Osten Dakiens, stossen wir auf das Lager von Enlaka, welches die coh. IV Hispanorum besetzt hielt[3]), und dicht dabei auf die coh. I Alpinorum eq. in den Kastellen von Sóvárod und Mikháza.[4]) Nördlich davon begegnen wir der coh. I Ubiorum im Lager von Szént-Marton und zu Székely-Udvárhely und derselben Kohorte auch im Lager zu' Burghallen.[5]) In diesem Lager stand zeitweilig die ala I Illyricorum, die sonst in dem südlicher liegenden Lager von Vécs nachgewiesen ist[6]), und eine c(ohors) III Y (?), deren Ziegel bei Senndorf (Zsolna) gefunden sind.[7]) Im Norden der Provinz finden wir im Lager von Alsó-Ilósva die ala I Tungrorum Frontoniana, die aus Pannonien dorthin gekommen war, belegt für die Jahre 145—61, 213 und 222—26.[8]) Dicht dabei stand das Lager von Alsó-Kosaly, wo die coh. I Britannica miliaria c. R., nachgewiesen von 110 bis 198, das Thal des Szamos noch Norden sperrte.[9]) Im Rücken der letztgenannten stand in Szamos-Ujvar die ala II Pannoniorum, die aus Moesia superior hierher gelegt worden war.[10]) Daran schliesst sich in dem Verteidigungsring im Nordwesten Porolissum mit den dahinter liegenden Lagern von Certia und Largiana. Nach Certia mag die ala Siliana torquata c. R. aus Gyálu bei Napoka später vorgeschoben sein[11]), Teile von ihr mögen auch in Optatiana gestanden haben. In Largiana stand eine nicht näher bekannte ala (Maurorum?) miliaria[12]), zeitweilig in Varmezö

1) CIL III, 8074, 9; cf. VIII, 9358. Mir scheint es nicht wahrscheinlich, dass diese Kohorte von der gleichnamigen moesischen verschieden sein soll ; cf. Cichorius, S. 13.

2) Cichorius, S. 33.

3) CIL III, 6257, 7718, 945, 946, 948.

4) CIL III, 1633, 23; 8074, 8; 6256 (?); Cichorius, S. 5.

5) CIL III, 8074, 25; Cichorius, S. 58.

6) CIL III, 8074, 7.

7) A. E. M. Ö. 16, 255, nr. 18. Cichorius führt diese Kohorte nicht auf.

8) CIL III, 786—89, 793—95, 797—811; A. E. M. Ö. 14, 171.

9) CIL III, 8074, 8090, 1633, 2; 821, 829; A. E. M. Ö. 3, 92, nr. 12.

10) CIL III, 8014, 5; 832; 1633, 3.

11) CIL III, 840, 845, 847.

12) CIL III, 7644; cf. A. E. M. Ö. 3, 92, nr. 12.

die coh. II Flavia Numidarum.[1]) In Porolissum ist die coh. V
Lingonum Antoniana nachgewiesen.[2]) Eine coh. I C(yrenaïca oder
Cypria) ist für Tihó, da wo der Szamos die Provinz verlässt, belegt.[3]) In Certia finden wir noch die coh. I Hispanorum[4]), die
coh. VI T(hracum?)[5]) und einen numerus militum Osrhoënorum.[6])
Zwischen den Jahren 98 und 124 begegnet ebendort auch die
coh. I Batavorum miliaria p. f.[7]) Die coh. II Britannica miliaria
finden wir in Romlot und Alsó-Ilósva.[8]) Aus dieser Truppen-
anhäufung in der Nordwestecke Dakiens kann man ersehen, dass
die Provinz hier bedroht war, und thatsächlich haben die Wandalen schon zu Trajans Zeiten die Koistoboker gegen die römischen Grenzen gedrängt, um bald selbst auf diesem Schauplatz
erobernd zu erscheinen. An der Westgrenze im Lager von Sebes-
váralja oder genauer Sebesvár findet sich die coh. I Gallorum
Dacica[9]), die coh. I Aelia Gaesa(torum)[10]), und die coh. II Hispanorum scutatata Cyrenaïca (eq.).[11]) Diese hatte zu Uj-Palanka
in Moesia superior gelegen, hatte an der Donaubrücke zu Turnu-
Severinu mitgebaut und übernahm dann die Wache gegen die
Jazygen zu Sebesvár und zu Werschetz im Banat. Vielleicht
wählte man diese Truppe mit den grossen Schilden gerade gegen
die gefürchteten Pfeile der Jazygen. Im besonderen galt es das
Marosthal gegen die Jazygen zu schützen, hierfür finden wir vorwiegend Reitertruppen verwendet. Hier ist die ala I Bosporanorum in Czigmo, Veczel und Maros-Keresztur nachgewiesen[12]), in
Miccia stand unter Trajan die ala I Augusta Ituraeorum, eine
bogenschiessende Reitertruppe, die bald nach Pannonien zurück-
kehrte und durch die ala I Bosporanorum ersetzt wurde.[13]) In

1) CIL III, 8074, 22.
2) CIL III, 7638.
3) CIL III, 8074, 13.
4) CIL III, 8074, 18.
5) CIL III, 8074, 24.
6) CIL III, 8074, 27.
7) CIL III, 839, 841; cf. A. E. M. Ö. 17, 17, nr. 2; 17, 20, nr. 8.
8) CIL III, 8074, 11.
9) Cichorius, S. 29.
10) ebendort, S. 28.
11) ebendort, S. 35.
12) CIL III, 7888, 8074, 3, 1344, cf. 1197; A. E. M. Ö. 16, 255, nr. 13.
13) CIL III, 1344.

Veczel finden wir die ala I Hispanorum Campagonum, sicher bezeugt seit dem Jahre 158 bis auf Philippus Arabs[1]), in Maros-
Keresztur die ala I Gallorum et Bosporanorum.[2]) In Veczel zugleich mit den Reitern die coh. I Vindelicorum miliaria[3]), dieselbe
auch bei Tibiscum.[4]) In derselben Gegend des unteren Maros
zeitweilig die coh. II Hispanorum scutata Cyrenaïca[5]) und dauernd
die allerdings auch einmal nach Dacia Maluensis abkommandierte
coh. II Flavia Commagenorum.[6]) Im Centrum der dakischen
Provinz finden wir dann noch neben den Legionen die ala I
Batavorum miliaria zu Földvar am Maros[7]), die coh. I Montano-
rum zu Mühlbach[8]), zu Potaïssa die coh. VIII Raetorum c. R.[9])
und eine coh. I P. P.[10]); die Garnison der coh. VIII Raetorum
c. R. ist allerdings nicht sicher belegt. Nach Apulum schliesslich
gehört die coh. IV Pannoniorum[11]) und die Leibwache des Statthalters, der numerus singularium.[12])

Ihrer Garnison nach unbekannt sind folgende in Dakien
stationierte Truppen:

Name.	Zeit.	Frühere Provinz.	Belege.
ala I Gallorum et Pannoniorum catafractaria.	145 u. 161.	Moesia in- ferior (134).	Cichorius bei Pauly- Wissowa I¹, 1245.
coh. I Augusta Ituraeorum sa- gittariorum.	110 u. 158.		Cichorius 38.
coh. II Gallorum Macedonica.	110.		CIL II, 3230; Cicho- rius 30.
coh. I Ituraeorum.	110.		Cichorius 38.

Die nun folgenden Auxilien sind ihrer Garnison nach unbe-

---

1) CIL III, 1342, 1377 und 78, 1380.
2) Cichorius bei Pauly-Wissowa I¹, 1245.
3) CIL III, 1633.
4) Cichorius, S. 60.
5) CIL III, 1703.
6) CIL III, 1343, 47, 55, 71—74, 79, 8074, 14, 7848—50, 7854, 55, 7873.
7) CIL III, 8074, 2.
8) CIL III, 8074, 21, cf. 1343.
9) A. E. M. Ö. 17, 19, nr. 6.
10) Cichorius 46.
11) A. E. M. Ö. 16, 255, nr. 16.
12) A. E. M. Ö. 14, 99; 17, 9; CIL III, 1160, 1195.

kannt, und ebenso ist es unsicher, ob sie dauernd in Dakien gestanden haben oder nicht. Es sind:

Name.	Zeit.	Belege.
coh. I Thracum sagittariorum.	157 u. 58.	Cichorius 54.
coh. I Augusta Nerv(iorum).	145, 161.	Cichorius 44.
coh. Afrorum in Dacia⟨m⟩.	—	Cichorius 4.
coh. I Ulpia Brittonum miliaria.	145, 161.	Cichorius 17.

Nur vorübergehend stand in Dakien die ala I c. R. im Jahre
110, die vorher und nachher sich in Pannonien befand, und die
coh. I Thracum c. R. in den Jahren 110 und 116, welche 138
ebenfalls in Pannonien belegt ist.

Wir kommen nun zu Dacia Maluensis. Den Donauübergang
bei Turnu-Severinu deckten eine ganze Reihe von Auxilien, wenn
diese auch nicht immer zusammen dort gestanden haben werden.
Die coh. III Brittonum finden wir im Jahre 104 zu Dobretae, sie
kam dann, wie oben erwähnt, nach Kleinschenk in Dacia superior.[1]
Die coh. I Cretum, die zeitweilig in Dobretae stand, gehört zum
obermoesischen Heere.[2] Auch die ala I (?) Claudia (Gallorum?),
die aus Obergermanien zum Brückenbau kommandiert wurde,
blieb nicht dort, sondern wurde schon im Jahre 105 vielleicht
nach Moesia inferior verlegt.[3] Dagegen blieb in Dobretae als
Besatzung die coh. III campestris c. R.[4] Im dritten Jahrhundert
finden wir hier die coh. I sagittaria miliaria Gordiana.[5]

In Bumbesti finden wir die coh. IV Cypria c. R.[6], in Varmező
zeitweilig die coh. II Flavia Numidarum, belegt für die Jahre
110 und 129.[7]

Von besonderer Wichtigkeit war die Deckung der Alutalinie. Hier finden wir in Romula die ala I Hispanorum, welche
im Jahre 205 das Lager von Slaveni erneuerte.[8] Die coh. I
Flavia Commagenorum stand im Jahre 157 in Rečka, später in

---

1) Cichorius 17.
2) Cichorius 23.
3) A. E. M. Ö. 19, 215, nr. 74.
4) CIL III, 7721; A. E. M.Ö. 19, 215 und 217.
5) CIL III, 8074, 23; 6279, 8018; A. E. M. Ö. 19, 219, nr. 4.
6) A. E. M. Ö. 19, 85, nr. 18.
7) CIL III, 1633.
8) A. E. M. Ö. 19, 80, nr. 7.

Slaveni, unter Trajan war sie noch in Moesia inferior gewesen.[1])
Die coh. II Flavia Commagenorum findet sich zeitweise zu Pini
bei Rečka und zu Piatra bei Slatina an der Aluta.[2]) Die coh. I
Hispanorum veterana wurde von Trajan aus Moesia inferior nach
Dacia (Maluensis) verlegt und stand vielleicht zu Bivolari an der
Aluta.[3]) Bei Karakal an der Aluta tritt ein numerus Syrorum
auf[4]), der auch für Slaveni belegt ist[5]) und vielleicht identisch
ist mit den Suris sagittariis, welche 233 bei Bivolaria an der
Aluta die Strasse nach Romula bauten[6]) und im nördlichen Teile
des Aluta-limes bei Radicinestum nachgewiesen sind.[7]) Schliesslich ist uns noch die Garnison der coh. I Brittonum milaria eq.
bekannt, sie stand in Bumbesti[8]) und zu Stolničeni an der
Aluta.[9])

Unbekannt ihrer Garnison nach ist die coh. II Flavia Bessorum, die im Jahre 129 in Dacia inferior nachgewiesen ist und
im Jahre 105 noch in Moesia inferior stand[10]) und die coh. III
Gallorum[11]), die sogar nm das Jahr 112 noch ihre Garnison in
dem unteren Moesien hatte. Ferner kennen wir in der Provinz
eine vexillatio equitum Illyricorum, die mit dem numerus equit.
elect. ex Illyrico wahrscheinlich identisch ist[12]), und einen numerus
burgariorum et veredariorum Daciae inferioris.[13])

---

1) A. E. M. Ö. 19, 84, nr. 14.
2) Cichorius 22.
3) Cichorius 34.
4) CIL III, 8074, 28.
5) A. E. M. Ö. 19, 83, nr. 14.
6) A. E. M. Ö. 14, 13; cf. 17, 224.
7) A. E. M. Ö. 17, 82, nr. 2 und 3.
8) Cichorius, S. 16.
9) A. E. M. Ö. 19, 84, nr. 15 und 17, 117.
10) Cichorius, S. 12.
11) Cichorius, S. 30.
12) CIL XI, 393.
13) A. E. M. Ö. 17, 224.

Druck von J. B. Hirschfeld in Leipzig.